世界の水の民話

日本民話の会
外国民話研究会
編訳

三弥井書店

目　次

はじめに　1

1章　命の水

1　アレクサンダーと命水　イラン　12
2　命の水とハリネズミ　ドイツ　16
3　若返りの水　韓国　18
4　失われた若返りの泉　イギリス〈スコットランド〉　20
5　ベーラと若返りの泉　イギリス〈スコットランド〉　20
6　蛇の泉　デンマーク　22
7　動く石の癒しの井戸　イギリス〈スコットランド〉　22
8　聖母の泉　ドイツ（現チェコ）　23
9　聖コルマンの井戸　アイルランド　24
10　願いの泉　スウェーデン　25
11　森の動物たちの秘密　フランス　26
12　言葉を奪う水　イ（中国）　30
13　金の橋で起こった不思議なこと　ドイツ（現チェコ）　33
14　三滴の血　フランス　34

15 海賊を罰した井戸　フランス　35
16 魔法の水場　マニプル（インド）　36
17 妖精の森の人狼　フランス　38
18 水がワインに変わる　オーストリア　39
19 ワインになる泉　フィンランド　40
20 三つのバケツの水　イギリス〈イングランド〉　41
21 予言する泉　スウェーデン　42
22 流れを止める川　ドイツ　42
23 とどろく井戸　イギリス〈イングランド〉　43
24 ペドゥス・フォークと聖エリアンの井戸　イギリス〈ウェールズ〉　44
25 ラーン川は叫んだ　ドイツ　46
26 時はきた　スウェーデン　47
27 時は過ぎた、男はこない　イタリア　48
28 水は生贄を求める　ドイツ　48
29 水の誘い　ドイツ　49
30 溺死の前ぶれ　ドイツ　51
31 底なし穴　フランス　52

目　次

32　リュー川の呪い　デンマーク　53
コラム　ヨーロッパの昔話の中の〈水〉　54

2章　雨と洪水

1　世界の創造　ジョージア　58
2　人間のはじまり　クリーク（アメリカ）　60
3　イッカクと洪水　ウクライナ　61
4　水を探す　チンポー（中国）　61
5　化けものカエル　アベナキ（アメリカ）　63
6　雲呑みお化け　ズーニー（アメリカ）　66
7　龍王をこらしめる　プミ（中国）　69
8　雨の王子の花嫁　グジャラート（インド）　72
9　北海ができたわけ　ドイツ　74
10　洪水　ビール（インド）　76
11　カエルの予言　アメリカ　77
12　人魚の復讐　ドイツ　78
13　カエルが銀を吐く　リス（中国）　79

14 石の獅子の目に血が流れる　チベット（中国） 81
15 ただ必要なのは天水ひとすくい　チャム（ベトナム） 83
16 雨乞い　ロシア 84
17 ふさがれた井戸　ドイツ 85
18 聖コンスタンティンの井戸　イギリス〈イングランド〉 86
19 雨　ラトビア 87
コラム　日本の水の民話 90

3章　川の兄弟

1 長江と黄河　チベット（中国） 94
2 ガンジス川の降下　インド 101
3 ヴォルガ－ラフ川とカスピ海　モルドワ（ロシア） 104
4 タマラと巨人の兄弟　イギリス〈イングランド〉 107
5 ドニエプルとヴォルガと西ドヴィナ　ロシア 108
6 川の三兄弟　ポルトガル 109
7 マヒ川の女神　グジャラート（インド） 110
8 デーヴァク川の起原　インド 112

目　次

9　悪魔の最後の望み　インド　113
10　セヴァン湖　アルメニア　114
11　オーウェンの石の湖　イギリス〈ウェールズ〉　115
12　母を振りかえった淵　プイ（中国）　116
13　甘い水の井戸　漢（中国）　120
14　甘い水　苦い水　漢（中国）　123
15　海の底で塩をひく臼　デンマーク　127
16　引き潮とワタリガラス　シムシャン（アメリカ）　129
17　モーペスの潮　イギリス〈イングランド〉　130
18　ヴェトルガ川　ロシア　134
19　アゾフ海　ウクライナ　137
20　愛しい人の贈り物　ウクライナ　137
21　馬川　ウクライナ　138
コラム　ポルトガルの水の俗信　140

4章　人魚と水の精

1　北海の人魚　ドイツ　144

2 ルサールカの石　ロシア　145
3 ジェール河の人魚たち　フランス　148
4 モルガンヌの宝物　フランス　151
5 人魚に愛された娘　イタリア　152
6 妖精の湖　イタリア　154
7 水の精の娘　ソルビア（ドイツ）　155
8 水の精の花嫁　スウェーデン　158
9 水の精の妻　オーストリア　160
10 アザラシ女房　アイルランド　161
11 お産の手伝い　ドイツ　163
12 水の精のボタン　ドイツ（現チェコ）　164
13 水の精の仕返し　ドイツ（現チェコ）　165
14 水の精と熊　ドイツ　166
15 水馬と子どもたち　イギリス〈スコットランド〉　167
16 水馬と心臓の湖　アイルランド　168
17 水馬と娘　イギリス〈スコットランド〉　169
18 ケルピー　イギリス〈スコットランド〉　170

目　次

19 エルジェガシラ湖　ジョージア 172
20 水の母　ブラジル 174
21 若者ク・ラーンと魚の王の娘　マー（ベトナム） 177
22 波に投げた槍　アイルランド 181
23 恋する鬼　イラン 185
24 悪口の報い　イギリス〈ウェールズ〉 186
25 トロル湖の魔物　スウェーデン 188
26 海の女神になったセドナ　イヌイット（アメリカ） 188
コラム　アイヌの水の伝承と習俗 192

5章　金の魚

1 水が怖いカエル　ブラジル 196
2 カエルの鳴き声　韓国 197
3 ガマの王とカエルの女王　フランス 198
4 タコとワタリガラス　ヌートカ（アメリカ） 202
5 二匹のアザラシ　アイルランド 204
6 水寄せ　チワン（中国） 206

7　エルツォの湖とドラゴン　ジョージア　210
8　青龍を助けた男　韓国　211
9　海を沸き立たせる石　漢（中国）　213
10　魚と漁師　フランス　218
11　魔法の魚　ポルトガル　220
12　金の魚　ドイツ　222
13　ボミア池の怪魚　イギリス〈イングランド〉　224
14　魔法の池　ドイツ　225
15　百匹目の魚　ドイツ　226
16　グールデー湿地の洗濯女　フランス　227
17　湖の中の司祭　ドイツ（現ポーランド）　228
18　黒い湖のしゃべる魚　ドイツ（現チェコ）　229
コラム　水に棲む妖怪たち　232

6章　水に沈んだ町

1　海に沈んだ町レガミュンデ　ドイツ　236
2　フォラベリー教会の鐘　イギリス〈イングランド〉　236

目次

3 沈んだ町の鐘　アイルランド 238
4 乙女の湖　ドイツ 241
5 城を水没させた井戸　イギリス〈スコットランド〉 242
6 小鳥の導き　イギリス〈ウェールズ〉 243
7 流れてきた聖書　デンマーク 245
8 パンの香りただよう湖　ポルトガル 246
9 石になった女　フランス 247
10 岩になった嫁　韓国 248
11 娘の渡り場　デンマーク 249
12 海に沈んだイスの都の使者　フランス 250
13 海底の城から王女を救った男　フランス 252
14 フロワドフォンテーヌの由来　フランス 252
15 スヴェトロヤール湖　ロシア 254
16 海底の王国に行った船乗り　イタリア 255
17 水びと　アメリカ 256
18 豊穣の泉　インド 258
19 孝行息子の泉　韓国 259

20 湖、飛び去る　ロシア　260
21 あちこちに移動する泉　イギリス〈スコットランド〉　262
22 雄羊の泉　アイルランド　262
23 子授けのランデルノー泉　フランス　263
24 キルグリム橋　イギリス〈イングランド〉　267
25 井戸のそばの幻影　イギリス〈スコットランド〉　268
26 花嫁の湖　ドイツ　269
27 川に流された柩　フランス　270
28 キャンチロン家の最後の葬式　アイルランド　271
29 深さを測る　スウェーデン　276
30 アマー湖　ドイツ　276
31 水と砂　ブラジル　277

出典　(3)
執筆者紹介　(1)

扉絵　藤沢　知奈

はじめに

人間の生活にとって、水は欠くことのできない大切なものです。しかし、これだけ文明が進んだ現在でも、水を手に入れるには自然現象が頼みで、雨や雪解け水が少ない年はたちまち水不足になってしまいます。

ゆたかな恵みをもたらす雨ですが、降りすぎると今度は河川を氾濫させ、土砂崩れなどを起こし、わたしたちの生命をもおびやかしかねません。ふだんは魚類、海藻などの海の幸の恩恵をうける海辺でも、台風や高潮、地震による津波などの被害は絶えず繰り返されています。しかし、水害のあと土壌が肥えて、大地では豊かな作物を実らせ、海でも豊漁をむかえることは昔から知られています。人類の歴史は水との戦いでもあり、水のおかげで発展してきたといっても過言ではありません。

人間の一生にとっても、生まれたときの産湯から死に水まで、水は人の生活とは深い関係があります。ドイツ、中でもヘッセン州では「子どもの泉」といわれる水辺がそこかしこにあります。ドイツの山姥的存在のホレおばさんの井戸でもこれから生まれてくる子どもたちが育てられていて、生まれる子どもたちは「子どもの泉」やホレおばさんの井戸から運ばれてきたと信じられていました。フランスにも子授けの泉（六章23）の話があり、水辺が子どもの誕生と関係があることがわかります。

本書では、さまざまな水にかかわる世界の民話を六章にわけてご紹介します。

第一章「命の水」には、命の水や不思議な水の話を集めました。元気で長生きして過ごすことは、いつの時代もあこがれです。そのために不老長寿の水、命の水、病気を治す水などをもとめて長い旅も厭いませんでした。アレクサンダー大王も命水をもとめて旅に出ます（一章1）が、永遠の命を得ることが幸せかどうかわかりません。「命の水」の話（ATU551）は本書では一話、それも短い話しか紹介できませんでしたが（一章2）、ヨーロッパに分布する水にかかわる代表的な話です。日本で広く知られる「若返りの水」は、そっくりな話が韓国にもあります（一章3）。そのほか、特定の日、特定の時間に薬効を発揮する水もあります。

水の怖さを端的にあらわす話があります（一章25～29）。水は定期的に生け贄を求めるとも言われ、「時は来た、しかし男はこない」（ATU934K）の話型名のとおり、水から生贄がまだ来ないと嘆く声が聞こえ、このときやってきた人は、水死しないまでも結局死ぬことになります。この話は、ヨーロッパ北部で多く語られています。一方、王の死を前に川が流れを止めたり（一章22）、主人の死を予知して井戸が太鼓のように鳴ったり（一章23）もします。そうした水のもつ不思議な力を占いに役立てようと、夏至、クリスマス、大晦日など特定の晩に、女性たちは好んで水をつかった占いをしました。

二章「雨と洪水」には、雨乞いや洪水にまつわる自然現象の話を中心に集めました。

はじめにご紹介するのは、世界の始まりに関する創世記のような話（二章1～2）で、世界は水で覆われていたと語られます。水を支配する者は国や地域によりさまざまです。アメリカの化けものカエル（二章5）、雲呑みお化け（二章6）、中国の龍王をこらしめる話（二章7）では、人々が水不足で苦しむのに水をひとり占めした者たちは、退治されたり懲らしめられたりします。

つづいて、洪水の話です。インドの話（二章10）では洪水の知らせは魚から伝えられ、アメリカ・アラバマの話（二章11）ではカエルが予言しています。ドイツの人魚の復讐で津波が起こる話（二章12）は、沖縄県の「人魚と津波」の話を思わせます。中国のチベット族の話（二章14）は、大分県の瓜生島などの伝説でしられる、いたずらが発端で洪水が起こる日本の話と同タイプの話です。

後半のベトナム・チャムの話では、地上の水不足を訴えにいった若者が天で碁を打つ白髪の老人から「ひしゃくでひとすくいの水を降らせよ」といわれたのに、大量にまいたために地上は大洪水（二章15）、ラトビアの話では雨が客として長居したため、洗濯物は乾かないし、干し草は濡れるしで大迷惑（二章19）です。事の深刻さは別として、ちょっと笑える話になっています。

三章「川の兄弟」には、川の由来をはじめとして、海、湖、池などの由来譚を集めました。

中国の長江と黄河は、おばあさんから生まれた双子の兄弟で、旱魃に苦しめられる地上を救うために天から地上に下り（三章1）、インドのガンジス川も水不足で悩む地上の人間を助けるために天から下りた（三章2）と語られます。ロシアの勇士ラフとカスピが美女ヴォルガを取り合って、ヴォルガ・ラフ川とカスピ海になり（三章3）、イギリスの妖精タマラに恋する巨人の若者たちも、それぞれ川になり（三章4）、ロシア、ポルトガルの三つの川は兄弟で、先を争って競争した結果、今ある場所を流れて海に注ぐといったスケールの大きな由来を語る話になっています。

中国の甘い水の井戸（三章13）は、人情に厚い老夫婦の茶店にやってきた老人のつれてきたキリギリスの飲んだ水を注ぐと甘い水の井戸になりました。助けた白蛇の助言でつくった畑の水は甘く、大収穫（三章14）をもたらします。

海の水がなぜ塩辛いかという話は世界中に分布する話ですが、本書ではデンマークの話（三章15）を紹介します。アメリカ・シムシャンの話（三章16）は、潮流を管理する老婆から、ワタリガラスが現在のような日に二度の潮の干満を勝ち取ったわけを語ります。

四章「人魚と水の精」は、人魚や水の精に代表される人間に近い形をした水の妖怪たちの話です。日本の河童もそうですが、姿かたちが人間に近いこれらの妖怪たちは、人間との交流もあり、さまざまな話を生み出しています。

一般には岩の上にすわって長い髪をとかしながら男をまどわす美しい人魚のイメージが定着していますが、男の人魚もいます（四章5）。人間の男性に恋した人魚の話は、アンデルセン童話で知られていますが、ロシアの水の精ルサールカが主役の本話（四章2）は、文学作品がうまく口承に根付いた話ではないでしょうか。アイルランドのアザラシ女房の話（四章10）は、世界的な広がりをみせる「白鳥乙女」（ATU400）のひとつで、アジアでは、羽衣をまとう「天人女房」として知られています。

水の精の話としては、水底でおぼれた人間の魂を管理する話もありますが、ここでは水の精と人間の娘の恋や結婚の話（四章7〜9）、人間が水の精のお産の手伝いをした話（四章11）、水の精と人間の交流の話（四章12〜14）などを紹介します。

そのほか、水馬、ケルピーなどと呼ばれるふしぎな妖怪がいます。水の精の一種と考えられていますが、アイルランドや、イギリス、ドイツなどの北部で知られる話です。人間の姿をして現れることもありますが、多くは馬の姿をしていて、ときに人の飼う馬と交配して人々を富ませる（四章16）こともあります。一方、湖を渡してもらおうとその背にのると、何人でも乗れるように背中はどんどん長くなりますが、最後は水でおぼれさせる（四章15）など、こわい妖怪です。水馬と似た話で牛や羊などの話もあり、ジョージアの「エルジェガシラ湖」（四章19）は、水羊の話のようです。ブラジルの「水の母」（四章20）では、夫が約束をやぶって水界の人々の悪口をいったとたん、妻は子どもも家も畑も何もかもつれて、水に帰ってしまいます。

五章「金の魚」には、人型以外の水の妖怪たちを集めました。さまざまなカエルの話（五章1〜3）、タコ、アザラシ、牛、ドラゴン、龍などが登場します。

そして、「漁師とその女房」（ATU555）を思わせるような話が続きます。中国の「海を沸き立たせる石」（五章9）では、相手は龍王で、懲らしめられるのは村の金持ちです。フランスの「魚と漁師」（五章10）では、漁師は尽きぬ財布を手にいれます。ポルトガルの「魔法の魚」（五章11 ATU675）では、馬鹿息子は王の願いで魚に完璧な男にしてもらい王の娘と結婚します。

フランスの洗濯女（五章16）は、洗濯板と洗濯棒をもって夜に出没します。顔は骸骨で、出会った者はまもなく死んでしまうなど、会うとろくな事はありません。

六章「水に沈んだ町」には、水辺を舞台にした話を集めました。ヨーロッパには水に沈んだ町や教会などの話がたくさんあります。「ここには以前教会があったが水に沈み、いまでも特定の日には教会の鐘が聞こえる」といった話で、沈んだ理由の多くは、反キリスト教的な行為の代償ということになっています。

アイルランドの沈んだ町キルスタヴィーン（六章3）やフランスのブルターニュ沖に沈んだパリにも匹敵する都市といわれるイスの町（六章12）については、今も沈んだ町の人々は海中で暮らしていると信じられているようです。実際に大津波や地震などで海に沈んで、そのままの海中遺跡が残っている町が世界にはあります。また二十世紀にダムや運河のために水に沈められた町も数多くあります。

かつて、橋がなかった時代、また大きな船で旅に出ることのなかった時代は、川向こう、海の向こうは別の世界でした。葬送儀礼として死者を船にのせて流すところもあり（六章27）、海のかなたには死後の国や異郷があると考えられていました。日本の浦島太郎の話とそっくりな話（六章16）がイタリアにあります。アイルランドの、古くからの契約で葬式後に浜辺においた棺桶を海に棲む者たちが海底の墓地に運ぶ話（六章28）は、ドキドキするほど神秘的な話です。

この『世界の水の民話』は、外国民話研究会編著のシリーズの十巻目となります。つぎは水の民話をまとめようということになってから五年以上、前作の『世界の猫の民話』から数えると、七年も間があいたことになりました。

二〇一七年一月、吉田智恵さんから、今年こそまとめましょうよ、とうれしいお誘いの言葉をいただきました。二十年以上にわたり私どもの作業をあたたかく見守り、辛抱強く支えてくださっている三弥井書店の吉田榮治社長、ならびに吉田智恵さんに心から感謝を申し上げます。

二〇一七年　秋

外国民話研究会

高津　美保子

凡　例

・話の題名の下に民族（国名）、または国名〈地域〉を示した。
・本書に収めた話は、それぞれの原語資料から直接訳出したものである。
・各話の題名は原題にとらわれず、またほかの題名とかさならないように配慮した。
・本文中の原注は〔　〕で示し、語句に関する訳注は本文中に（　）で示した。
・注のうち説明のながくなるものは本文中に〔注〕、（注）とつけ、話のあとに記した。
・話全体についての解説は、話のあとに＊で記した。
・昔話の型のATU番号は、各話のあとに表示した。
・訳出した話の出典は、巻末にまとめた。

1章　命の水

1　アレクサンダーと命水　イラン

二本角アレクサンダー（注1）は多くの領土を征服した後に、永遠に生きてこの広大な世界を支配しようと決心した。何人かに尋ねた。

「永遠の命を手に入れるにはどうすればいいのか」

「ずっと生きて永遠の命を手に入れたいのなら、〈命水の泉〉の水を飲むことだ」

アレクサンダーが命水の泉の場所を聞くと、教えてくれた。

「ガーフ山（注2）の中の、〈闇〉という洞穴の中だ。そこまでは七十年かかって、やっと洞穴の入り口にたどり着くだろう」

アレクサンダーは計算した。十歳二十歳の若者をつれていけば、闇の洞穴へ着くころには、八十歳九十歳になる。そこでアレクサンダーは十五歳二十歳の若者数人に随行するよう命じ、誰であれ年寄りを連れてきてはならぬと厳しく禁じた。

アレクサンダーに随行する若者の中に、年を取った父をもつ若者がいた。その年取った父はアレクサンダーが出立することを聞きつけ、息子にいった。

「おまえがアレクサンダーと一緒に行くつもりなら、わたしを箱にいれて連れていけ。わらと干し魚も少し用意しろ。おまえが何をすべきか後で教えよう」

はじめ息子は承知しなかった。

「言いつけに背き老人を連れてきたとアレクサンダーに知れたら、私は殺されてしまいます」

しかし老人はいった。

「息子よ、老人なしに闇へ行ってはならぬ。たとえおまえが二本角アレクサンダーであろうとも」

若者は仕方なく承知し、箱を用意し、いくらかのわらと干し魚と一緒に父親を箱の中に入れた。若者はこの箱には自分の荷物が入っているといい、ラバの背にくくりつけ、アレクサンダーの供の者たちと一緒に闇と命水の泉があるガーフ山へと旅立った。

七十年の旅も終わり、アレクサンダーと供の者は闇の洞窟の前にたどり着いた。しかし暗闇はあまりにも深く、馬は動くことさえできない。アレクサンダーは供の者たちのほうを向いた。

「方策を見つけるのだ」

若者は箱のところへ行き、父に状況を説明した。父親はすぐにいくらかのわらを息子に渡した。

「おまえが前へ行き、このわらを闇の洞窟の地面の上にまいてこい。そうすれば馬が白いわらを見て道がわかり、前に進むだろう」

若者はすぐにいくらかのわらを馬の前方の闇の地面の上にまいた。すると白いわらが見え、馬たちは動き始め、闇の中を前進することができた。アレクサンダーはこの兵士の策が気に入り、褒めたたえた。とうとう、闇の道の終わりにたどり着いた。

そこにはたくさんの泉から水が流れていた。アレクサンダーは困ってしまった。命水の泉はどれで、どの泉から水をとればいいのか。いくら考えてもいい案は浮かばなかった。仕方なく供の者たちにまた策を考えるよう命じた。若者は今度も父が入っている箱のところへ行き、父に策を求めた。

「ほら、この干し魚を泉の中へ投げ入れよ。魚が生き返った泉が命水の泉だ。その泉の水を汲めばいい」

若者はすぐにそのようにした。干し魚が命水の泉に落ちたとたん、魚は生き返った。アレクサンダーは、今度は若者がなぜその策を思いついたのか明らかにしようとした。こんな策は自分の供をして旅した者たちにはとうてい考えられないと、アレクサンダーにはわかっていた。若者はどうしようもなくなり、本当のことを話した。アレクサンダーはとても喜び、父親と若者に褒美を与えるよう命じた。そして、アレクサンダーと供の者たちはそれぞれが皮袋に泉の命水を満たし、来た道を戻っていった。

しばらく進むと、アレクサンダーは心地よい場所で荷をとき休憩するよう命じた。今ではすっかり年を取っていたアレクサンダーは、命水をそこで飲み、永遠の人生を始めるつもりだった。皮袋の一つを持ってくるよう命じた。皮袋が持ってこられ、少しばかり命水を飲もうと杯に注いだとたん声がした。

「こんにちは。二本角アレクサンダー。命水、おめでとう」

アレクサンダーはその声がどこからするのか知ろうとして、一瞬飲むのをやめた。しかし何も見えなかった。また飲もうと杯を持ちあげると、また声がした。よく見ると一匹のハリネズミがいた。他には生き物がいなかったので、しかたなくハリネズミに尋ねた。

「わたしを呼んだのはおまえなのか？」

「そうだ。わたしも命水を飲んだが、こんな姿になってしまった。永遠の命を授かったとはいえ、こんな姿で生きながらえても永遠の命に価値などない。わたしのような永遠の命がほしいのなら、さあ、飲むがいい」

アレクサンダーは後悔した。あんな姿で永遠の人生を送っても楽しくはない。アレクサンダーは、柑橘類とナツメヤシと糸杉と松の木々の根もとに命水を流すよう命じた。アレクサンダーの苦労のおかげで、これらの木々はそれからずっと永遠の緑を手に入れることになった。

Cf.ATU981

注1　クルアーン第十八章「洞窟」に二本角をもつ男が登場する。男の正体は不明で諸説あるが、最も有力な説はアレクサンダーである。
　2　世界を囲んでいるとされた伝説の山。陽はガーフ山から昇り、夜は山裏にある井戸を通る。山の大半は水中にあり、緑玉から成る。陽の光が山にあたると緑に輝く水の色が天の色となるともいう。

＊別の類話では、アレクサンダーが飲む前にカラスが革袋をつつき、命水を地面にこぼしてしまう。奴婢が残った数滴の命水を飲んだため、腹をたてたアレクサンダーは奴婢の鼻を斬りおとすが、奴婢は悪夢バフタクとなり永遠の命をえる。

（角田）

2　命の水とハリネズミ　　ドイツ

ある父親が病気になり、三人の娘たちにいった。

「森の泉にはいい水がある。わしが元気になるその水を持ってきておくれ」

そこで一番上の娘が泉に行くと、泉の中から声が響いてきて、こういった。

「わたしを連れていっておくれ、そうすればおまえに水をやろう」

一番上の娘は泉から水を持たないで家に帰って、二番目の娘を行かせた。

二番目の娘が泉に行くと、また声が響いてきた。

「わたしを連れていっておくれ、そうすればおまえに水をやろう」

二番目の娘は家に帰り、三人のなかで父親を一番愛している三番目の末娘を行かせた。

声がまた「わたしを連れていっておくれ、そうすればおまえに水をやろう」というので、末娘は「いいわ」と返事をして、泉から水をもらったので、娘たちの父親は元気になった。

だが、部屋の戸がたたかれて、ハリネズミみたいに針のあるやつが入ってきて、末娘のところで夜を過ごそうということが起った。末娘は最初きっぱりとことわったが、ついに、はい、といわなかった。そこで、そいつは暖炉の後ろに行き、体を揺すって針の皮を振りおとすと、きれいな

王子になってベッドに飛びこんだ。

するとと姉たちがハリネズミの皮を燃やしてしまった。そこで次の朝ハリネズミは立派な王子の姿で起きた。そして王子の姿のままだった。

王子は末娘にいった。

「もし、おまえが鉄の杖と鉄の靴をすり減らすほど歩き回り、涙で鉄のかごをいっぱいにするほど泣いて、ガラス山も越えてきたら、永遠にわたしと一緒になれるだろう」

そこで王子が消えた。末娘は王子を探しに出かけた。

末娘が旅をして星のところに行くと、星は末娘に木の実をひとつやった。それから月のところに行くと、月もさらに末娘に木の実をひとつやった。それから太陽のところに行くと、太陽もまた末娘に木の実をひとつやった。

末娘がガラス山を越えて、鉄の杖と鉄の靴をすり減らすほど歩き回り、涙で鉄のかごもいっぱいにするほど泣いたときある城に来た。そこに、城の王である自分の花婿を見つけた。まもなく他の女性と結婚式をあげようとしていた。末娘は羊飼いとして城に雇われた。

ある日、末娘は星からもらった木の実の殻を開けて、星の光のように輝いているすばらしい服を引きだすと、王の婚約者にそれを差しだした。婚約者が値段をたずねると、末娘はこういった。

「わたしが一夜王さまの部屋で王さまと一緒にいられるのならば、お売りしましょう」

婚約者はそれを聞き入れて、服を受け取った。しかし、王に睡眠薬をすすめたので、王は一晩中ほとんど眠っていて、末娘は王と話をすることができなかった。

次の日、末娘は月からもらった二つ目の木の実の殻を開けて、美しい服を引きだした。それは月の光のように輝いていた。それを再び王の婚約者に売った。それで婚約者は、その夜末娘が王の部屋で過ごすことを聞き入れなければならなかった。しかし、またもや王はあらかじめ睡眠薬をもらっていたので、末娘はまた王と話すことができなかった。

次の日、末娘は太陽からもらった木の実を開けて、太陽の光のように輝いているとびきり美しい服を引きだした。婚約者は、翌日の結婚式に、この服を花嫁衣装に着たくて、もう一夜末娘を王とふたりにさせた。しかし、その晩、王の忠実な召使いが、二晩も美しい娘がこの部屋で王のかたわらにいたこと、そして、前もって王が睡眠薬を飲まされたかもしれないこと、もしその娘が再び来たら、今晩もまた、婚約者が飲み物をすすめるだろうといった。

王と召使いは飲物をなめし皮の袋に捨てた。見知らぬ娘が入ってきて、目を覚ましている王に会ったので、王はすぐに娘に気がついた。そのときから王は婚約者と一切かかわりたくなかった。婚約者を追い出して末娘と結婚した。

cf.551+ATU425A（杉本）

3　若返りの水　韓国

むかし、ある男が山へ木を切りに行くと、薮の中に沼があった。沼の水はそれはそれはきれいだったので、その水を飲んだ。すると、男はぐっと若返った。日が暮れるころ、家に帰ると、妻がどうして見知らぬ若者が家に入ってくるのといって追い出した。

「わしじゃわし。おまえの夫じゃ」

「うちの夫はそんなに若くない」

妻はそういってさらに追いだそうとした。

そこで、男は「山へ木を切りに行ったら、沼の水がきれいだったので、飲んだらこんなに若返った」といった。それを聞いた妻は、自分も若返ろうとして山へ登って行った。

ところで、夫はいくら待っても妻が帰ってこないので、これは何か起こったに違いないと、村の人たちと一緒に探した。しかし、何も見つけられなかった。探し探して探しあぐね、木の下にすわって休んでいると、どこからか赤ん坊の泣き声が聞こえた。夫が声のする方へ行って見ると、妻の着物があって、その着物の中に小さな女の子が包まれて泣いていた。おまえは誰だと聞くと、

「私はおまえの女房だ。若返ろうとして水を飲みに飲んだらこんなに小さくなってしまった」

と言った。

夫はこれを聞いて小さな赤ん坊になった自分の妻をおぶって家に帰ったということだ。

（辻井）

4　失われた若返りの泉　イギリス〈スコットランド〉

失われた若返りの泉は、セント・キルダ島のコナヘルの斜面にあったと信じられている。年老いたセント・キルダの男が一匹の羊を抱えて囲いの中に運ぼうとしているときに見つけた。男が泉の水を飲んだとたん、若さがもどった。男はそれまでなかった水が湧き出しているのにおどろいて、目印としてその場に羊を寝かせ、急いで村人たちに知らせに行った。村人たちはとても興奮していっしょに泉をめざした。けれども羊を置いてきたはずの場所につくと、泉も羊も消えうせていた。そこでセント・キルダ島の人々は失われた若返りの泉と呼んで、事あるごとに話題にした。

男が羊を残して村に行く前に、泉のそばに釘か鋲か、古い釣り針でもいいから鉄のかけらを置いてくるべきだった。そうすれば、若さと活力をもどす力のある泉を小さな人たち（妖精）に取りかえされることはなかっただろう。（岩瀬）

5　ベーラと若返りの泉　イギリス〈スコットランド〉

マル島ノックの、バー湖近くのストローン・ナ・クラナリッヒの突端に「若返りの泉」と呼ばれる泉がある。ベーラ(注)は、小鳥が水を飲みに来る前、犬がほえる声が聞こえる前の真夜中に、時が来るごとに泉へ出かけた。泉の水を飲めば、ベーラは十六歳の姿のままでいられるのだった。だがある穏やかな朝——西ハイランド地方ではそんな朝はとても美しい——ベーラは、泉へ向かっているときに、犬がほえるのを聞いてしまった。

いつ災いに見舞われるか
生者はほとんど知らない。
バー湖畔の穏やかな朝
わたしには犬のほえるのが早すぎた。
アダムの種に奉仕するための
魔法はもうじゅうぶん。
だが災いが熟すときには
ふせぎようがない。

こういった後、ベーラは崩れおちてちりになった。

注　ベーラはケラッハ・ヴェール（ベールの老婆）。神話的存在で、老婆と若い女の姿を行き来する。地形を作った巨人、冬の化身、野生動物の守護神などの面ももつ。（岩瀬）

6　蛇の泉　デンマーク

王冠をかぶった蛇（ヤマカガシ）、あるいは蛇の王とよばれる蛇をつかまえてその肉を食べた者は、何でも見とおせるようになり、目には見えないものを見ることができ、動物のことばを理解し、あらゆる本が読めるようになるという。

フューン島のグルビェアにある「蛇の泉」の名まえは、次のようなできごとに由来する。

あるとき、農夫がグルビェア近くの小高い山にやってくると、蛇の王が地面から頭をつきだしているのが見えた。農夫はいそいで蛇をつかまえ、すぐにそこを離れた。しかし王を助けようとたくさんの蛇が追ってきたので、木靴を投げつけ、粗末な家まで走ってもどった。農夫はすぐに蛇の肉をひと口食べた。するとこの世の秘密を見とおす力を得た。

一方、蛇の王が這いだした穴には泉がわき、泉は長年大切にされ、多くの人が訪れた。それは水が、どんな病気でもなおす、ふしぎな力をもっていたからである。

（山崎）

7　動く石の癒しの井戸　イギリス〈スコットランド〉

ルイス島トリドン湖岸に近い教会の敷地内に井戸があって、何百年もの間、三つの石が絶えずぐるぐるぐるぐると渦を巻いて動いていた。この石のひとつを手桶ですくって、病に苦しんでいる人のところに持っていき、病人が手桶に手を入れて石に触れば、どんな病でも治った。

ところがある晴れた日、ひとりの年寄り女がこの方法で自分のヤギの病気を治そうとしたのだ。女が石を井戸にもどすと、もう渦を巻くことなく、底に沈んでしまった。石の効力は消えた。それから石は動かず止まったままだ。


（岩瀬）

8　聖母の泉　ドイツ（現チェコ）

昔、世間でペストが荒れ狂い、多くの人々の死期を早めた。そうさ、ギースヒュベルでもそうだった。だれもが弱気になり、打ちのめされた。

村では、毎晩灰色がかった服を着たひとりの女が、大きな藪の下の草むらで大声でわめいて、手には瓶を持っているという噂が広まった。人々は女がしゃべるのも聞いた。だが、だれにもその言葉がわからなかった。

ある日三人の女が勇気を出して、こっそりと森のはずれに近づき見張っていた。

灰色の見知らぬ女がやって来るとひざまずいて、誰もその存在を知らなかった泉から水をすくった。女たちのひとりが森から歩み出て、礼儀正しくあいさつしてたずねた。

「あんたはどこの人で、どこへ行くの？　なぜこの泉で水をくむの？」

そこで、瓶を持った見知らぬ女がいった。

「この泉の水をくむ者は、心身ともに健康でいられるんだよ」

それから、見知らぬ女は村の女たちの前から消えて、二度と見ることがなかった。

今では、この村のすべての人々がこの泉から水をくむようになった。

ほら見てごらん！　病気の者は快復し、健康な者はいつまでも健康を保っている。

＊原書では前半に泉について次のような説明がある。ギースヒュベルの泉は、キリスト昇天祭（復活祭後の四十日目）後の日曜日に、ベルビンブルクの三位一体教会の巡礼者の泉に水がゆっくり滴りはじめると、この泉にも水が満ちてくる。聖母の泉とよばれ、九月の終りに水が涸れて、キリスト昇天祭後の日曜日に再び満ちるといわれている。（杉本）

9　聖コルマンの井戸　アイルランド

聖コルマンは中西部コナハト地方の王の後継者になるといわれていた。そのためその地位をねらう敵対者が、コルマンの母リーナハがまだコルマンを身ごもっているうちに殺そうと追跡し、リーナハを捕まえると、首に石をくくりつけて、キルタータン川の深みに投げ込んだ。しかしリーナハは奇跡的に助かり、コーカーという場所まで逃れて行った。そこには今ちょうど井戸のあるところに、一本のトネリコの木が生えていた。リーナハはその木の下で息子を生んだ。

息子が生まれたちょうどその時、そこに二人の僧が通りかかった。一人は目が見えず、もう一人は足が悪かった。リーナハは二人の僧に息子に洗礼を授けてくれと頼んだが、近くに水がなかった。目の見えない僧が近くに生えていたイグサを一本引き抜くと、勢いよく水がほとばしり出て、その僧の目に入った。僧はたちどころに目が見えるようになった。足の悪い僧がその水で足を洗うと、足はすぐに治った。コルマンはこの水によって洗礼をさずけられた。

コルマンの井戸には、今でも目の悪い人たちが多く訪れる。一九一二年に井戸の上に八角形の小さい礼拝堂がたてられ、聖コルマンの像が安置された。大きな枯れたトネリコの木が礼拝堂に覆いかぶさるように立っている。この木はこの辺りの人々を落雷から守っているといわれている。

一九四七年に聖コルマンの祝日を祝う行事が再開された。祝日は毎年十月二十九日に行われる。

（渡辺洋子）

10　願いの泉　スウェーデン

アーサルムの泉は「願いの泉」とよばれている。あるとき母親が目の見えない子どもをつれてきた。まず自分が泉に入り、それから子どもを入れた。すると子どもが水辺のハンノキをつかみ、「母さん、これ、なあに」ときいた。子どもの目が見えるようになったのだ。母親はコインを一枚泉に投げいれた。それが泉の名の由来だという。

（山崎）

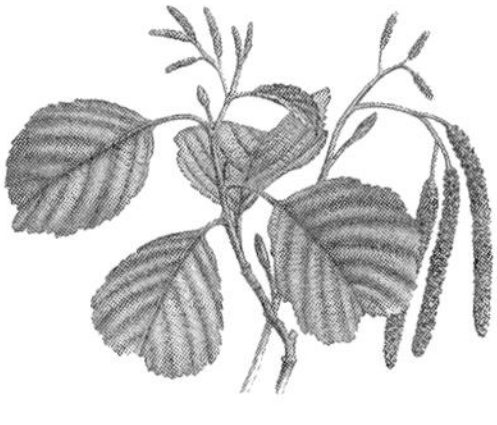

ハンノキ

11　森の動物たちの秘密　フランス

昔、二人の六十才の兵士がいた。除隊しなくてはならず、二人は故郷に帰ることにした。道すがら、二人は「何をして食っていこうか」と話し合った。「おれたちは仕事を覚えるには年を取り過ぎている。物乞いをすれば、まだ働ける年だといわれて、何ももらえないだろう」

「くじを引こう」と一人がいった。「当たった方が目をつぶさせて、二人で一緒に物乞いしよう」

もう一人もその考えに賛成した。

くじは提案をした方に当たった。連れの男が目をつぶし、一人がもう一人の手を引いて、二人は家から家へと物乞いをしていった。人々はたくさん施してくれたが、盲人はほとんどその恩恵を受けられなかった。連れの男は、良い物を全て自分が取り、盲人には骨と固いパンの皮しかやらなかった。不幸な男はいった。「ああ、目が見えないだけじゃ足りないのか。こんなひどい扱いまで受けなきゃならないのか」

「まだ文句をいうなら、ここに置いていくぞ」と連れの男が答えた。

でも、哀れな盲人はグチをこぼさずにはいられなかった。ついに、連れの男は仲間を森の中に置き去りにした。

あちらこちらとさまよった後、盲人は木の根元で立ち止まった。「おれはどうなるんだろう」と自問した。「夜が近い。森の動物たちに食われてしまうぞ」盲人は身を守ろうと木に登った。

夜半ごろ、四頭の動物たちがこの場所にやって来た。狐、猪、狼、ノロジカだ。

「ぼく、いいことを知ってるよ。でも誰にも教えてやらない」と狐がいった。

「おれだっていいことを知ってるぞ」と狼がいった。

「ぼくだって」とノロジカがいった。

「へぇ、そんな小さい角しかないおまえがいったい何を知っているというんだよ」と猪がいった。

「ぼくの小さな脳みそと角にだって才気はいっぱい詰まってるんだ」とノロジカがいい返した。

「それじゃあ、それぞれが知っていることをいい合おうじゃないか」と猪がいった。

狐がいい出した。「この近くに小川があるんだけど、その水で目の見えない人が見えるようになるよ。今までにもう何度か、片目がつぶれたことがあるんだ。その水で目を洗ったら、目が治ったよ」

「その小川ならおれも知ってるぜ。おまえよりもっとずっと詳しくな」と狼がいった。

「王女が重い病気で、病気を治せる男と結婚させることになっている。元気にするには、その小川の水を飲ませればよかろうよ」

今度はノロジカの番だった。

「リヨン市は水不足でね。水をもたらしてくれる人には一万五千フランが約束されてるよ。ところがね、自由の木を引っこ抜けば、泉が見つかるんだよ。本当は水は十分あるのさ」

「おれは何も知らん」と猪がいった。そこで、動物たちは別れた。

「ああ、その小川が見つかりさえすればなあ」と盲人は思った。木から下りると、手探りで野原を歩き回った。そしてついに、小川を見つけた。そこで目を洗うと、うっすらと見えるようになった。もう一度洗うと、すっかり元通り見えるようになった。

直ぐさま、兵士はリヨン市長の所へ行くと、水が欲しければ自由の木を引っこ抜かせればいいといった。実際、木をひっこ抜くと泉が見つかり、市は要るだけの水を手に入れた。兵士は約束の一万五千フランを受け取ると、王さまに会いに行った。

「王さま、王女さまが重い病気だと聞きました。でも、わたしは治す方法を知っています」

そして王さまに小川の水の話をした。王さまはすぐさま召使いにその水を探しに行かせた。王女にその水を飲ませ、水浴びをさせると、王女は治った。

王さまは兵士にいった。「そなた、ちょっと年はいっているが、娘と結婚するがよい。あるいは、望みならば金を取らせるぞ」

兵士は王女と結婚する方を選んだ。娘と一緒に金もついてくるとわかっていたからだ。結婚式はすぐにとり行われた。

ある日、兵士が庭を散歩していて、施しを求めるボロをまとった男を見かけた。すぐに昔の仲間だとわかった。男に近寄ると、「昔二人で物乞いをしていなかったかね。お仲間はどこかね」とたずねた。

「亡くなりました」と男が答えた。

「本当のことをいいなさい。それで後悔することはなかろうよ。その人はどうなったのかね」

「見捨てました」

「なぜ」

「いつも不平ばかりいっていたからです。でもいい物をもらっていたのはあいつの方だったんですよ。パンをもらったときには、柔らかい中身の方をやりました。あいつはもう歯がなかったのでね。わたしは皮を食べました。肉はあいつにやって、わたしは骨を取りました」

「それはウソだ。きみは正反対のことをしていた。きみの昔の仲間がわかるかね」

「いいや、わかりません」

「そうか。その昔の仲間、それはわたしだ」

「でも、王さまでしょう」

「さよう。だがきみの昔の仲間でもあるのだよ。中へ入りなさい。すべて話してあげよう」

男は、盲人に起こったことを知るといった。「同じ幸運を得たいもんだ。その木の所へ連れて行ってくれ。動物たちがもしかしたらまたやってくるかも知れない」

「いいとも。悪行に善行で報いよう」と王さまはいった。そして男を木の近くに連れて行くと、男は木に登った。

夜半ごろ、四匹の動物たちがそこに集まった。狐が他の動物たちにいった。

「あの晩ぼくたちがいっていたことを聞かれたぜ。王女は病気が治ったし、リヨン市には水がある。

いったい誰がぼくたちの秘密をばらしたんだ」

「おれじゃない」と狼がいった。

「ぼくでもない」とノロジカがいった。

「猪に決まってるさ。何もいうことがなかったんで、ぼくたちがいったことを告げ口に行ったのさ」と狐がいった。

「まさか」と猪が答えた。

「気をつけろ。ぼくたちは三人がかりだぞ」と狐がいった。

「おまえらなんか怖くないぞ。相手になってやる」と歯をむき出して猪が答えた。ふと上を見あげ、動物たちは木の上にいる男に気がついた。

「おお、おお。あそこにおれたちの話を盗み聞きしているやつがいる」というと、たちまち動物たちは木を根こそぎにして、男に飛びかかり、むさぼり食ってしまった。

ATU613（桜井）

12　言葉を奪う水　イ（中国）

むかしむかし、世の中のすべての生きものは、みな話しができて、みなとても賢かった。その時最も権限のあったエンディグウズウという天の神が考えた。地上の生きものたちは自分よりも賢くあるべきではない。そこで言葉を奪う水を作って、飲みに来させることにした。神は世の中の生きものたちに向かっていった。

「ここに〈知恵の水〉がある。飲めばもっと賢くなれる。おまえたち、早く来て飲みたまえ！」

天の神の命令には逆らえないし、しかも飲めばもっと賢くなれるというのだから、みんな先を争ってやってきては水を飲んだ。ただ人間は、知らせが遅れたため、行くのが最後になった。途中、一匹のカエルが田んぼのそばをはっていた。歩くのが遅いので、別の動物に踏まれて怪我をしたのだ。人間はカエルを見て聞いた。

「カエルさん、きみはどうして遅れたんだい？」

いいながら、人間は両手でカエルをすくい上げ、そっと息で温めた。

カエルは人間に向かっていった。

「あんたはよいことをしてくれた。だからよいことを教えよう。ぼくはわざとゆっくり歩いていたんだ。今日のあの水が〈知恵の水〉なんかでないことを知っているからさ。あれは言葉を奪う水だ。決して飲んではいけないよ。金塗りの木鉢にくんであるきれいな水は絶対飲んではいけない。代わりに、木の葉にはいった方の水を飲むことだ。ぼくにも少し残しておくれよ。だれもがどちらかは飲まなければいけないんだからね」

人間はカエルの話を聞くと、歩きつづけた。歩いていくと、あらゆる生きものたちが、競って金の木鉢の水を飲んだようだった。人間は行って、木の葉の水を飲んだ。とてもおいしくて、飲みやすい。けれども少ないので、ひと飲みしただけなのに、なくなりそうになった。人間はあわてて木の葉を置いて、残りの水をカエルのために残そうとした。

置くとすぐに、ハッカチョウ（注）とカラスが飛んできて、木の葉の水を飲もうとした。人間は、急いで邪魔をして、カエルに水を残してやろうとした。が、カラスは抑えたが、ハッカチョウは防ぎきれなかった。ハッカチョウは木の葉に残った水を飲んだので、今でも不完全ながらいくつか言葉を話すことができる。カラスは飲めなかったので、金の木鉢の方の水を飲んだ。ひと口飲んですぐに正しくないことが分り、あわてて「カア」とひと声鳴いた。「間違えた」という意味だ。けれどももう遅い。だから今でもカラスはただ「カアカアカアカア」としか叫べない。二度と話をできなくなった。

カエルが水を飲みに行ったときには、既に人間が残した水をハッカチョウに飲まれた後だったので、金の木鉢の水を飲むしかなかった。そしてカエルも話ができなくなった。

カエルは自分が話せなくなったことを、どうしても受け入れることができず、だから、いつでも夜半から夜明けにかけて騒がしくしている。話をしたい。けれどもどうしたって話をすることはできないのだ。

注　キュウカンチョウに似た鳥で、人の言葉や物音をまねる。（藤沢）

13　金の橋で起こった不思議なこと　ドイツ（現チェコ）

ドイッチブロデークというところに、昔、貧しいやもめがすんでいた。全財産といえば、年取った山羊だけで、そのミルクでなんとか暮らしていた。その山羊を無慈悲な借金取りが奪おうとしていた。女が借金を返すことができないからさ。

「明日の朝までに返せないなら、有無を言わせず山羊をもらっていくからな」

このひどい男は大声でいった。

その日の夕方、女は重い心で山羊のための葉を集めに森へでかけた。これが最後なんだ、と悲痛な気持ちだった。これで充分と思えるまで集めた後、金の橋という名前はついているが、森の小川に板を渡しただけのところでちょっと休むことにした。やがて女は祈り始め、神になんとか助けてくださいとお願いをした。すると、とつぜん橋の下から呼びかける声が聞こえたんだ。

　私の水の中へ葉っぱを浸しなさい

　きっと明日は心が晴れ晴れするだろう

女はいわれたとおり葉を金褐色の森の水に浸してから、それをまたかごに入れた。ところが、途中で、荷物は一歩あるくごとに重くなるのさ。だから、家に帰って山羊の前に餌をぶちまけたときにはほっとしたくらいだった。

眠れない夜をすごしていると、夜明けになって山羊がメエメエうるさく鳴いているのが聞こえた。

いそいで小屋へいってみると、そこにはきのうやった葉っぱの山がまったくそのまま残っていた。山羊はぜんぜん食べることができなかったのだ。だってそれは全部純金だったからさ。

それで、やもめは借金を払うことができたばかりか、死ぬまでなんの苦労もしないですんだというわけだ。

（星野）

14　三滴の血　フランス

クアッスの領主が、ある日羊飼いをねたんで殺してしまった。領主は自分に疑いがかからないよう、細心の注意を払った。

貧しい木こりが殺人の罪で起訴され、高等裁判官でもある領主の前に引きだされた。木こりは死刑の判決を受け、刑が執行されようとした。そのとき、ひとりの修道士が現れて、自分は犯人が近くの川に手と剣を洗いに行くのを見たが、犯人はクアッスの領主に似ていたと断言した。

領主が無礼者を捕らえよと命じると、修道士がいった。

「領主さまの疑いを晴らす方法があります。鞘《さや》から刀を抜き、切っ先をお家の大紋章の上に乗せてください。そして、このようなはかりごとで大紋章を汚していないと誓ってください」

領主がその通りにすると、修道士は大紋章の一番上にあるキリストの頭上に刀の切っ先を置くようにと求めた。そうすると、三滴の血が、キリストの頭上と大紋章の上に見えた。

そこで修道士は、領主にクアッスの森の泉に来るようにといった。皆がそこへ行くと、修道士はキリストの頭上と大紋章の上に現れたのと同じ三滴の血が、泉の底にもあるのを見せた。領主の若い娘が近寄ると、領主が何気なく手にしていた刀が娘の白いドレスに触れた。すると三滴の血がドレスの上にも現れた。それを見た領主はヘナヘナとくずおれると、その場に倒れて死んだ。

ある決まった日に、クアッスの森の泉の底に、澄み切った水を透して三滴の血が見えると皆がいっている。

（桜井）

15　海賊を罰した井戸　フランス

低地ブルターニュ北部の井戸は、ある伝説的な出来事のため、恐ろしい力を持っている。それは、聖モデズが自分の名の付いた島に掘った井戸である。罪を犯した人が、井戸の縁から中をのぞくと死ぬと思われている。

いい伝えによれば、イギリスの海賊が、教会の財宝を略奪した後財宝を積んで戻ろうとしていた。ふと海賊は、修道士たちが井戸にも宝物を隠しているかもしれないと思いついた。そこで馬にまたがると、海を渡り、井戸の側に来て、井戸をのぞこうと鞍の上から身をかがめた。たちまち井戸の中から炎が上がり、馬の背の海賊を灰にしてしまった。馬は無事だった。同じ時、水夫たちは海底から聖者の怒りの声が立ち上るのを聞いた。

今日では、ほんのこそ泥でもやった可能性のあるブルターニュ人には、井戸の底をのぞかせないだろう。聖モデズが他人の財産を横取りする者に下す罰を、それくらい恐れているのだ。（桜井）

16　魔法の水場　マニプル（インド）

昔々のこと、一組の夫婦がそびえ立つ山のふもとの村で、幸福に暮らしていた。ふたりは一緒に丘の土地を切りひらいた。それから畑に苗を植えた。畑仕事には、困難がたくさんあった。なにより、近くには小川も井戸もなかった。妻はすぐに喉が渇いたので、水を探しに行きたい、と夫にいった。

夫は妻をとても愛していたので、かわいそうに思ったが、行かせようとはしなかった。夫は自分たちの土地の南側に泉があることを知っていたが、それには魔法がかかっていたのだ。「僕らの土地の南にある泉の水は飲めないんだ。そこから水を飲んだものは誰でも、虎になってしまう。どんなに喉が渇いても、あの水を飲んではいけないよ」と夫は妻にいった。

妻は夫の話を辛抱強く聞いていたが、やはり水を探しに行きたいと夫にいった。とうとう、夫は態度を和らげて、妻が行くことを許した。夫はひとりで畑に残った。妻は探しに探したが、禁じられた泉以外で水を見つけることはできなかった。渇きにたえかねて、妻はとうとう魔法がかかった水を飲んでしまった。渇きをいやして、妻は畑に戻った。夫に嘘をつき、禁じられた水飲み場からは飲まないよう気をつけ、別のところで水を見つけたといった。

　それから夫婦は一緒に仕事に戻ったが、すぐに妻は虎のような性質を見せはじめた。ハエが目の前でブンブンいったとき、妻はそれを口で捕まえてしまった！　虎のように自分の体をひっかきもした！　妻はまだ人間のように見えたけれども、そのふるまいから、夫は妻が魔法のかかった水飲み場で水を飲んだに違いないと知った。夫は悲しんだ。もう妻にしてやれることは何もないと知っていたから。妻もまた悲しんだ。夫を深く愛し、尊敬していたのに、嘘をついてしまったから。夜になると、ふたりは家に帰った。妻は子どもたちに食べさせ、寝かしつけた。それから夫も食事をし、眠りについた。みんなが寝入ってしまうと、妻は森へと去った。妻はここかしこをさまよった。ちょうど、虎が獲物を探してさまようように。

　泉の水は妻を変えてしまったが、家族への愛はとても強かった。毎晩、妻は虎の姿になったけれども、日中はこれまでどおりの妻であり、母だった。夜、獲物を殺して食べると、その残りを家族のために持ち帰った。ある日、妻は人間を殺し、食べなかった分を家に持ち帰ってベランダに置いた。夫はショックを受けた。夫に何ができたろう？　妻は虎の泉の水を飲んだせいで夜は虎になるとはいえ、昼間に人間の姿である間は夫や子どもたちへの愛はまだ妻の中に残されていた。夫は魔法がかかった泉に行くと、野牛の角でふさいだ。それから大きな岩を三つ、その周りに置いて、もう誰も水を飲んで虎になることがないようにした。


（難波）

17　妖精の森の人狼　フランス

毎週土曜日に、この妖精の森では男が着ているものを脱いで茂みに引っかけ、沼に転がりこんですぐ狼に変身して出てくるのが見られた。それはオルヴィルの森の人狼だった。人狼はただちにオルヴィルかティエーヴルへ出かけ、牧場に入って羊を一匹奪って妖精の森へ運んだ。魔女たち、妖精たち、そして悪魔がやってきて小枝を盛んに燃やして羊を焼いて切り分け、人狼といっしょに食べた。

一人の男がある晩、茂みにひそんで人狼を見張った。サバトの常連たちが引き上げると、人狼はまたもとの人間の姿に戻った。

人狼はティエーヴルのとある農夫にほかならなかった。

男は森の出口で待ち受け、なぜ人狼に変身するのかとたずねた。

するとこういう話だった。

「もう十年になるかなあ、わしは毎週土曜にはここへ来て妖精の沼に転がり込んでよ、狼の姿になってな、サバトの宴のために羊を盗みに行くんだ。どれだけ止めたくてもな、魔法使いどもの集まる時間が近づくと否応なしに人狼になっちまうんだ。この十年の間にここでどんだけ恐ろしいことを見たことか。たくさんの秘密を知っちまったんだよ。

この悪魔の憑き物から解放されるにはどうすりゃいいかもわかってるんだ。たとえばだよ、次の土曜におまえさんが妖精の森に来てさ、長いサーベルを持ってきてよ、頭の上ですばやく回すんだ、なんかショックを感じるまでな。わしは姿が見えないが、おまえさんの近くにいるがよ、おまえさんのサーベルでわしを傷つけてその傷口からちょっとでも血が流れると、この悪魔の憑き物が落ちるんだよ」

男はその通りにすると約束した。そしてつぎの土曜に妖精の森の茂みに来て待ち受けた。農夫がやってきて狼に変身してオルヴィルへ行った。続いて魔女たち、妖精たち、悪魔がやってきた。宴が始まった。やがて人狼が姿を消したように思えたとき、男は約束どおりにサーベルを回した。すぐ空中でからだにぶつかる手ごたえがして、人狼が傷ついて地面に倒れていた。魔女と妖精と悪魔が逃げ出してサバトはただちに終わった。軽い傷を負った人狼は村へ帰ることができた。

この日以来、悪魔の憑き物は落ちて妖精の森での集会も終わった。

（新倉）

18　水がワインに変わる　　オーストリア

クリスマス・イヴの真夜中にすべての水がワインになる。

昔、ある娘がクリスマス・イヴの十二時に病気の父親のために泉に水をくみにいった。娘が家に帰ってくると、病人は水瓶から水を飲んだ。そしてこの美味しいワインはどこから持ってきたのかと聞いた。娘はこの水はいつもの泉からよと、答えた。それから父親がさらにしっかりひと飲みすると、たちまち元気になった。

それを聞いた作男が、次の年同じようにその泉に行った。男はすぐにワインに変わるかどうか、繰り返し味見をした。ついにワインのような味がした。男は大きな容器にそれを満たしたが、もう一度泉にかがみ込み、思う存分飲んだ。

「ああ、おいしいワインだ！」と大声でいった。すると泉の中から声が響いた。

「じゃあ、おまえはわたしのものだ」

男は水の中にどさっと落ちて、やっとの思いで泉から上ることができた。

＊イエス・キリストの初めて行った奇跡は、カナの宴席で水をワインに変えたことだといわれている。水がワインに変わる話はヨーロッパに広く分布している。クリスマス、新年、復活祭、夏至祭などに、夜十一時から十二時の間、また真夜中の鐘の音が鳴っている間、ミサの続いている間などといわれている。ただしワインを手に入れることができるのは神の御心にかなった善人で、欲深や不信心者は痛い目にあい、死にいたることもある。（杉本）

19　ワインになる泉　フィンランド

フィンランドのスウェーデン人居住区シップーでは、夏至前夜の十二時に泉の水がおいしいワインに変わる。ちょうどそのとき、ここで水を飲んだ人たちがいた。「ワインの味がするぞ！」ひとりが叫んだ。

　すると泉の中から声が聞こえた。

「ワインの味がするのなら、おまえの目はわしのもの！」

　思わず叫んだその男は、目が見えなくなった。

（山崎）

20　三つのバケツの水　イギリス〈イングランド〉

　イングランドとスコットランドの国境地域には、未来のこと、特に将来の夫をひとめ見るための方法がたくさんある。いつ行ってもよいものもあるが、大部分はハロウィーン、クリスマス・イブ、大晦日の夜、ベルタン祭（五月一日）または夏至の前夜に限られている。

　次の方法は前にあげた夜に限られている。娘は三つのバケツに水を入れ、自分の寝室の床に置く。それから寝間着の心臓に向かい合うところに緑のヒイラギの葉を三枚ピンでとめて床につく。やがて三頭の熊が吠えるような三つの叫び声で目が覚めるだろう。その音が消えると、次にはたくさんの馬が笑うような音が聞こえ、そのあとで、未来の夫の姿が現れる。男が娘を思う気持ちが強ければバケツの位置を変えるが、そうでなけ

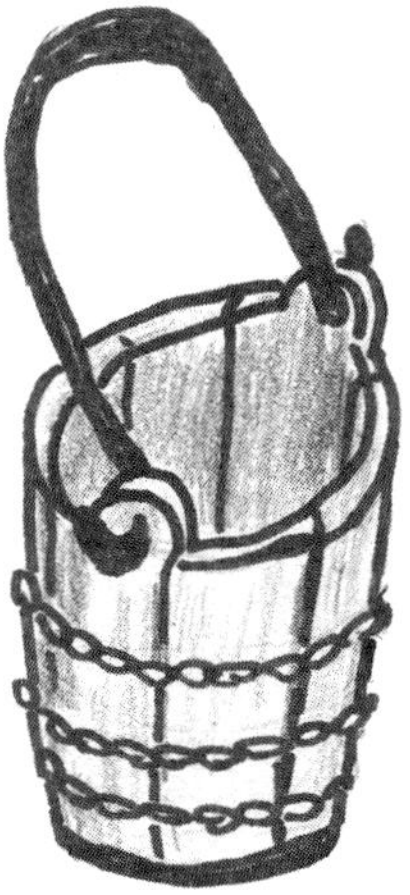

ればバケツに手を触れずに部屋から出ていく。

言い伝えによると、あるとき、このようにして呼びだされた恋人が水が入ったバケツを動かしている最中に、端を輪にしたロープを落とした。娘は翌朝それをひろって戸棚にしまっておいた。その後まもなく、娘は占いで姿を見た男と結婚したが、結婚してから二週間もしないうちに、夫は酔ったはずみで他でもないそのロープで首をくくって死んだ。

（岩倉）

21　予言する泉　スウェーデン

ウップランドのエルヴカーレビーで、娘が夏至の夜、九種類の花で花輪をつくり、森の泉の中にそっと置いた。すると花輪の中に、未来の夫の姿が見えてきた。

（山崎）

22　流れを止める川　ドイツ

フルダ川(注)について次のような話がある。ヘッセン国の領主、特に統治者とその妻が間もなく死ぬというときには、この川は自然の流れに逆らってその流れを止め、深い悲しみを示す。これは確かな死の予兆とみなされ、住民たちは何度となくこれを見てきた。

年代記編者のヴィンケルマンは、いくつかの例を挙げている。一五六六年にはローテンブルクでフルダ川はまったく流れを止めて干上がってしまい、人々は両手で魚をつかむことができたとある。そして翌年にフィリップ一世寛大伯が（1509–1567）亡くなっている。

一六四二年にフルダ川は再びローテンブルク付近で静かに止まったそうだ。そして間もなく、敬虔なフィリップ三世ブッツバッハ方伯（1609–1643）が亡くなった。

この川はまた、ほとんど毎年誰かを溺れさせている。

注　ヘッセン州を流れる最も長い川。ハンミュンデンでヴェーザー川となり北海に注ぐ。

（高津）

23　とどろく井戸　イギリス〈イングランド〉

予言の力を持っている井戸や泉は数多い。ノーサンプトンシャのブランプトンの近くの、マーベルサイクの井戸は大量の水を出すことで死や災難の前触れをする。他の時には水が出ず、間違いなく凶事の予言をすると考えられている。

同じ州のアウンドルにある有名な〈とどろく井戸〉は、重大なできごとの前に太鼓がとどろくような音を出す。

バクスターは著書『精霊の世界』の中で、生徒だったとき、内乱（清教徒革命。一六四二〜五二年）でスコットランド人がイングランドへやって来たときにその音を聞いたことを述べている。バクスターによると、音は数日続き、離れたところからも聞こえたそうだ。後に、チャールズ二世が亡くなったとき、バクスターはスミスフィールドへ行き、アウンドルの運搬人に会って、井戸が王の死の前にとどろいて、大勢の人がそれを聞きにやってきたことを聞いた。

ヨークシャーのハーファムにもとどろく井戸があったが、これはセント・クインティン家の死だけを予言した。伝説によると、エドワード二世か三世の時代、弓の競技会のときに、トム・ヒューソンという名前の鼓手が、かっとなった郷士に井戸に突き落とされた。トムの母親は、魔術を使うと思われていた女だったが、郷士の家の誰かが死ぬときには、溺れ死んだ自分の息子が泉の底で必ず太鼓を鳴らすだろうと宣言した。言い伝えでは、この太鼓のとどろきは、セント・クインティン家がその土地を所有している間、家の者が死ぬ前には必ず聞こえたということだ。（岩倉）

24　ペドゥス・フォークと聖エリアンの井戸　イギリス〈ウェールズ〉

ペドゥス・フォークは、三年間、誰にもわからない病にかかっていた。元気なのだが元気ではなく、病気なのだが病気でなかった。つまり、どこも痛いところはなくて、食欲はあった。しかし、たえずどんどんやせていき、ついには骨と皮だけになった。次々と医者にかかったが、誰もどこが悪いのかわからなかった。もぐりの医者のところにも行ってみたが、やはり、よくならなかった。最後に、ある賢い男のところへ行った。話を聞いた後で、男はいった。

「だれかが、あんたを聖エリアンの井戸(注)に入れたんだね」

「それはどういう意味ですか」

「だれかがその井戸を守っている女のところへ行って、名簿にあんたの名前を書いて、ピンと頭文字を書いた小石を井戸に投げこんだんだよ」

「あの、それのどこが悪いんでしょう」

と、呪いの井戸の力を聞いたことがなかったペドゥスはたずねた。

「あんたは呪われているんだ。呪いをとかないと、やせおとろえて死んでしまうだろう」

「でも、どうしたらいいんです？」すっかりおびえて、ペドゥスはいった。

「井戸を守っている女のところへ行って、お金を払って井戸から出してもらいなさい」

それが男の助言だった。

ペドゥスがすぐさま井戸の管理人のところへ行くと、管理人はわずかな手間賃で名簿を調べてくれた。たしかにペドゥス・フォークの名前がそこに書かれていて、記入の日付はペドゥスがやせはじめた時期と一致していた。お金をもっとたくさん追加で払うと、井戸を守る女はペドゥスの頭文字が書かれた小石を水から取り出してくれた。そのとき以来、骨に肉がつきはじめ、カカシにぼろ布をぶら下げたような服も、前のようにふっくらとした体に合うようになった。ペドゥスは高齢になるまで長生きした。最大の悩みは、親友のうちの誰が、自分を井戸に入れたのかわからないということだった。

注　癒しの力を持つ井戸として巡礼が多く訪れたが、十八世紀には呪いの井戸として知られるようになった。一八五〇年に閉ざされた。

（岩倉）

25　ラーン川は叫んだ　ドイツ

ラーン川（注）とフルダ川は毎年生贄として人を要求する。だれかがギーセンあたりのラーン川で呑まれたときには、決まってラーン川はその前に大声で叫んでいて、水辺にいる水車小屋の主人と布さらし職人たちはもう何度となくその叫び声を聞いている。それはいつも昼間の十一時から十二時の間だった。ラーン川はざわざわと盛り上がって強い波を打ちつけ、その高なった波間から力強い声で叫んだ。

「時はきた。時間はいまだ。人さえ来れば！」

これを聞いて、人々は恐れおののいて言った。

「ラーンが叫んだぞ。もうすぐ、まただれかが呑まれるぞ！」

そして、これはいつだって当たっていて、まもなく実際にだれかがラーン川に呑みこまれた。

ノイシュタット近郊のヘスラーでは、ラーン川はしばしば長くてこもったうつろな声で叫ぶ。「人がほしい。人間が一人ほしい！」するると、魚たちは不安になって、群れをなして網のなかに入る。

ATU934K

注　ドイツ西部を流れるライン川支流、コブレンツでラインに合流。

（高津）

26　時はきた　スウェーデン

ゴットランド島でいちばん大きな川はゴットヘム川で、島の東側からタグレ湾に流れ込み、春には魚がたくさんとれる。その岸で三昼夜、叫び声がした。「時はきた、だが男はまだこない！」声は続いたが、誰の姿も見えなかった。

三日目の昼、ひとりの男がすごい勢いで馬に乗ってやってきた。そしてゴットヘム川にかかる橋までくると、馬もろとも、まっさかさまに川にとびこんだ。馬も男もたちまち見えなくなった。それから叫び声は聞こえなくなった。

ATU934K（山崎）

27　時は過ぎた、男はこない　イタリア

カルニカの渓谷を下ってくるどの道も、カネーヴァ村の近くで合流していて、その道はあたりでは唯一の幹線道路となっている。その道路を通って主要都市トルメッツォに行くには、タリアメントの河口に近いブット川を通らなければならない。そこには近年になって、やっと石の橋が造られた。それまでは修理費のかかる木の橋があったが、つねに欄干がつけられていたわけではなかった。昔は、そこを通る者は、その古い橋の下から、こんな小さな声を聞いたといわれている。

「時は過ぎた、男はこない」

ある日、トルメッツォの方へ行く男が急いでその橋にやってきた。そして足を踏み外して水の中にまっ逆さまに落ちて溺れ死んだ。

そのときからあの声は聞こえなくなった。言い伝えによると、あれは、かつてあの場所で溺れた女が、ほかの男が助けに来るまで、橋桁にぶつかって砕ける水の渦の中で、苦しんで嘆いている声だったということだ。

ATU934K（剣持）

28　水は生贄を求める　ドイツ

ライネ川（注）は毎年十人の生贄を要求する。溺れる者がないときには別の方法で死ぬことになる。

一人の子どもがどうしても水の方に行きたがったが、だれもその子を行かせなかった。その子は水から引き戻された。しかし、その子はまもなく死んだ。

ホレンシュテットの前のプフィグスタンガーには三つの橋がある。ステックハイムに向かう竜騎兵があるとき緑地をこえて馬を走らせていた。

真ん中の橋のところで、竜騎兵は水から「まだ来ない、まだ来ない」と声高に叫ぶ声を聞いた。そして、同時に一人の少年がこちらにかけてきた。竜騎兵はこの子が水の中に引き込まれて呑まれるに違いないと考えて、すばやく自分の皮手袋を落として、少年に「その手袋を拾ってくれ」といった。

少年が手袋を渡そうとした時、竜騎兵は少年の手をつかみ、馬の上に引き上げた。しかし、少年はそのすぐあと馬上の兵士の前で死んだ。

ATU934K

注　ドイツのチューリンゲン州、ニーダーザクセン州を流れる川。

（高津）

29　水の誘い　ドイツ

昔、ある少年がナイセ川（注）のほとりを歩いていると、水の中から絶え間なく、

「入ってこい、入ってこい」

と叫ぶ声がした。

少年がさっそく水辺に歩みよると、一人の男が現れて少年に話しかけた。

「坊や、ここでなにをしているのかね？」

「僕、のどが渇いているんだ」と少年は答えた。

そこで男はいった。

「一緒においで」

それから男は少年と近くの居酒屋に行き、一杯のビールを少年に買った。少年はビールを飲むとすぐに、テーブルのふちにくずれるように倒れて死んだ。

もし男が来なかったら、少年はナイセ川の水を飲んで水の中に落ちていたにちがいない。

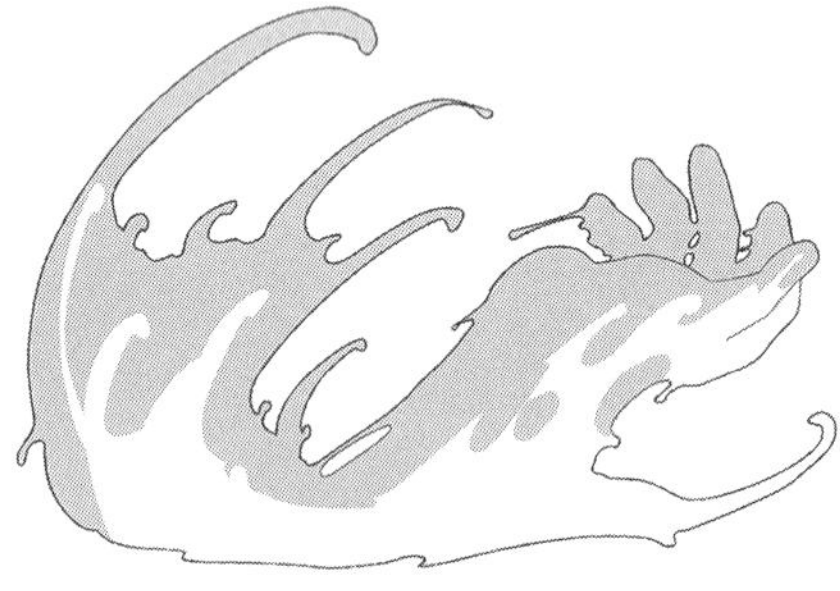

ATU934K

注　ドイツとポーランドとの国境を流れるオーデル川の支流。

（杉本）

30　溺死の前ぶれ　ドイツ

もう二十九年も前のことだが、ホッレンシュテットから来た二組みの兄弟が夜ベレ川で釣りをしていた。ベレ川はそこでライネ川と合流する。ベレ川の水は澄んでいて、魚たちはゆったりおよいでいる。四人はすでに桶にいっぱいのカワカマスとブートフィッシュを捕まえていた。

そのとき、突然ライネ川の方から三度「助けて！」という叫び声を聞いた。その叫びは水の中からのようだった。この時間にここではおぼれそうな人はいないように思われたが、四人はその助けを求める叫びが聞こえた場所へと走って行ったが、何も見つからなかった。

兄弟たちは釣りをすることが許されておらず、もしこれが知られると罰を受けることになるため、村ではこの叫び声については話さなかった。

しかしもっと確かめたくて、翌晩また釣りをしに行った。もう一人、五人目を連れて。そして、またしてもはっきりとライネ川から三回助けを求める叫び声を聞いた。三日目の晩、四人はまた釣りをしようとこの場所へと出かけた。そして今度もまたライネ川から三回助けを求める声を聞いた。

この翌日、ホレンシュテットからやってきた召使いが真昼に気性の荒い四頭の馬を水で洗おうと思い、川底のくぼみに馬たちを走らせた。召使いは後ろの二頭を前の二頭のしっぽに結び付けた。

だが、まだ十歩あるくかあるかないかのうちに、召使いが乗った馬は沈んだ。しかも召使いは、乗ったのとは違う馬にまたがってまた浮かび上がってきたのだが、助かることなく六十人もの目の前で溺れてしまった。二頭の目の見える馬は召使いと一緒に溺れ、一方目の見えない残りの二頭は再び水から出て来た。

cf. ATU934K（高津）

31　底なし穴　フランス

昔、一人の農場主が近くの村祭りから家族といっしょに馬車でもどってくる途中だった。真夜中に、狭い道を馬車で通るのは無鉄砲だったし、その道沿いにはかの名高い〈底なし穴〉と呼ばれる淵があった。多くの人が消えたことで知られていた。出発前にかみさんと娘たちが遠回りの道を行こうと止めたのに、ワインでご機嫌になったご亭主はその道を行くことにしたのだった。もう真っ暗だったし跳ね回る馬は轡を歯でかんでいたからにはきっと怪物に出会ったのだろう。翌日になってそうわかったのは、車輪の跡から見て疑いなかった。

馬も馬車も乗っていた人たちも、一度に呑みこまれてしまったようだ。ちょうどクリスマスの前夜のことだった。毎年、その夜の同じ時刻になると時を告げる古い鐘が鳴り、すべてが淵の表面にいっとき現れてまた大きな騒音とともに沈んで行くという。夜の十二時五分前になると波が無気味なざわめきで前触れし、うねり波を立てて泡立つそうだ。

（新倉）

32　リュー川の呪い　デンマーク

リュー川は、イェアリング近郊のドロニンググロン村にある泉に、水源をもっている。川はまず西に三十キロ、それから南に二十キロ、そして南東に二十キロ流れてヴェンシュセル地方最大の川に流れこむ。その水をのぞきこむと、まるでピッチのようだ。

この川については、こんな話がある。この地域はかつて水が豊富であった。しかしある悪賢い老人が、水の豊かな土地を自分のものにしようともくろんだ。老人が自分の丸太を地面に打ちこむと、すぐに水が湧きでた。老人が丸太をもっていくところでは、水が湧き、障害物をすべて乗りこえて流れていった。川ができあがると、老人は流域の住民から水の使用料をとろうとした。しかし住民はそれを拒否した。老人はその腹いせに、川に、毎年ひとりの犠牲を要求することを許した。そのため毎年ひとりの人間が川で命を落とした。

あるときその呪いは解けたかと思われた。七年間犠牲者がでなかったからだ。しかしある晩、ベアケルセの娘が七人、川で水あびをしようとして、ひとり残らず犠牲になった。

（山崎）

コラム　ヨーロッパの昔話の中の〈水〉

ヨーロッパの昔話には、〈水〉を主モチーフとする話は多くないが、民間信仰の名残としてのモチーフが挿入されることはある。

川は古来、この世とあの世をへだてる境界として意識されてきた。ヨーロッパの昔話の中にもその名残が見られる。「悪魔の三本のあごひげ」（ATU461）には、男が王の命令で悪魔の三本のあごひげを取りに行った帰り、彼岸と此岸の境界の川を渡し舟で逃げ帰る場面がある。また、「赤頭巾」（ATU333）のイタリアの類話の中には、女の子が鬼女から逃げる際、ヨルダン川にお菓子をやって逃がしてもらう話がある。また、「黄金の若者」（ATU314）でも、主人公が魔法の馬の助けで、地獄から逃げ帰る際、魔王の追跡を振り切って、最後にヨルダン川を渡ると、そこからはこの世である。

イタリアでは境界としての川にイタリアの川ではなく、ヨルダン川と語られることがある。いうまでもなく、ヨルダン川は聖地エルサレムの地を流れる川である。

病を治す水としてよく知られている話に、「命の水」（ATU551）がある。

父の病を治す命の水を息子三人が探しに行き、末っ子が手に入れたものの、嫉んだ兄たちに横取りされるが、のちに水の持ち主である女王に助けられる。

また「手なし娘」（ATU706）には、継母などに嫉まれて切られた娘の手が聖なる川の水で元通りになるという話がある。

一方、呪いの水となることもある。「小さい兄と妹」（ATU450）では、継母の元をのがれてきた兄妹が森の中でさまようううち、喉が渇いた弟（兄）が呪われた泉の水を飲んで子羊になる。娘は王子に助けられ、王子の妃となり、子羊はもとにもどる。

また「不死の国」（ATU470B）のイタリアの話には、浦島太郎によく似た話がある。海底の不死の国に誘われて女王と結婚した主人公が、故郷が恋しくなって帰郷するが、約束を守れずに蓋を開けて、現世で老いて死ぬ。

「太陽の娘・人形娘」（ATU898）や、イタリアの「白雪姫」（ATU709）の類話、また「ホレおばさん」（ATU480）などでは、井戸に落ちた娘が、妖精の助けで、より美しくなり、王子と結婚する。井戸は妖精と出会う場でもある。

水に流される話も多い。「怠け者の少年」（ATU675）は、親切の返礼に魔法の力を得る。一見無能の男が王女を身ごもらせて子を授かるが、王の怒りにふれ、樽に閉じ込められて海に流される。「三人の金の子ども」（ATU707）では、王妃となった妹をねたんだ姉たちによって生まれた子が海に流される。また、「予言」（ATU930）では、王女と結婚すると予言された赤子を、王が川に流す。流れついた先はどの話でも世界の果てのようであるが、流された子たちは、いずれも救い出されて、物語の成功者となる。

（剣持）

2章　雨と洪水

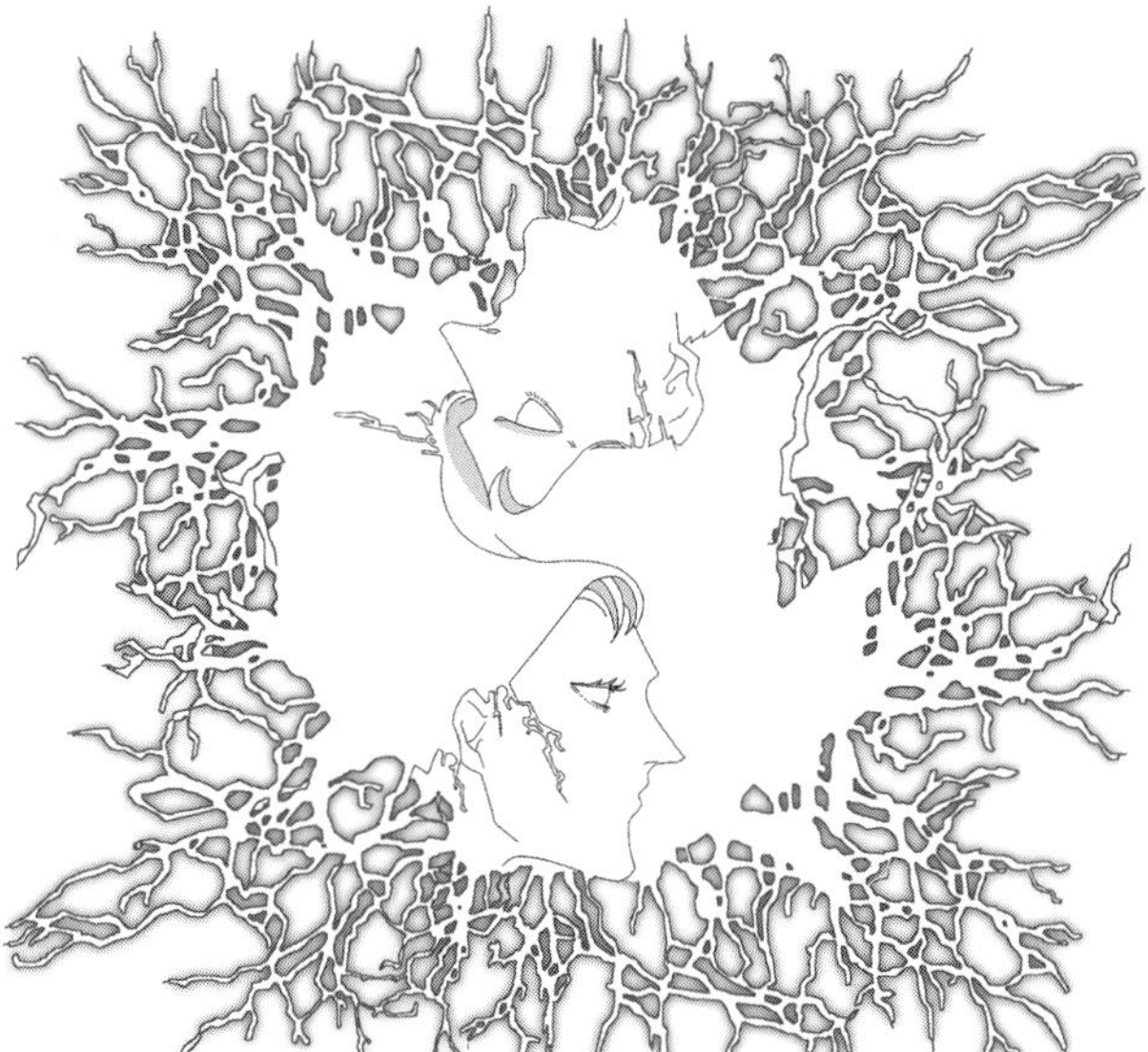

1　世界の創造　ジョージア

この世ははじめ水におおわれていた。神、大地の創造主はその頃宇宙の絶壁の上にいた。ある日のこと、神は宇宙の絶壁から水に跳んだ。水中で神は冷たさにぶるっと身震いし、涙が二つ、目からおちた。この二粒の涙が天使、ミハイルとガブリルになり、最初の天使ミハイルはいつも神の右手側に立ち、ガブリルは左手に立った。

神はどんどん水の中に沈んでいき、溺れはじめた。すぐさま天使ミハイルとガブリルが神をつかみ、上に引き揚げた。それから三人して水を干して目にもみえる大地を作ろうとつとめた。三人そろって水を吹き、ついに海の底を見、砂の上に踏み出した。が、そこには誰やらの足跡があるのに気がついた。神はいった。

「この足跡についていってみよう。足跡はどこへ続くのか、誰のものなのか」

天使たちも承知して足跡をたどっていくと、足跡は三人を青い石のふもとにみちびいていった。石を持ち上げてみると、石の下から悪魔サマールが飛び出してきた。サマールは神の喉をつかみ、しめ殺そうとした。神は息がつまり、天使たちに助けを求めたが、どうしてもサマールの手から神を引き離せなかった。仕方なく神はサマールにいった。

「放せ、なんでも望みのものをいうがいい」

「兄弟になるほか、望みはない」

神は承知した。サマールは神を放し、どこかへ行ってしまった。

神と二人の天使はそこに残った。そして水を干しにかかったが、どうにもできなかった。水と陸の間に壁を作っても水が壁に押し寄せ、壊してしまい、けちらしてしまう。三人ともへとへと、働いたものはみんな無駄になってしまう。もうどうしていいかわからなかった。すると天使ミハイルが神にいった。

「あなたの兄弟サマールのところへ行ってみます。何か知恵があるかもしれません」

神は承知し、天使はサマールのもとへ行き、来たわけをはなした。するとサマールはほんとのやり方を天使に教えた。

「こう伝えな。ありったけの力で、三人して石を削り、壁をつくったら、それを崩せ。それをなんどでも繰り返して造って壊して、うんざりしてきたら呼び角を二つ鍛えあげて、角つきあわせて二人でそれを吹け。それに疲れたらあんたらの神があるっ限りの力で叫ぶように。そうすると陸地は海から別れる。陸地は別になって、海も海の場におさまる」

天使ミハイルはサマールに助言の礼をいい、神の所に戻ると、サマールにいわれたことをすべて伝えた。三人は助言の通りに行い、石を削り、壁を造っては壊し、二つの呼び角を鍛えあげ、力の限りそれを吹いた。ついで神が大声でさけびたて、ついに水は離れていき、陸地が姿をあらわした。


（渡辺節子）

2　人間のはじまり　　クリーク（アメリカ）

何もかもが始まるもっと前、いたるところが水だった。水のほか何も、人も動物も、陸でさえ見えなかった。それなのに、鳥だけはいて水の上を飛んでいた。

ある日、鳥たちは集まって、水だけしかないところにとどまるかどうか話し合った。食べものがあるところへ行きたいという鳥、水に囲まれてここにいたいという鳥、意見がまとまらなかった。長老のワシはここにとどまって、陸をさがすのがよいと決めた。

ハトが名のりでて、最初に飛び立った。四日後にもどり、どこにも陸はなかったと報告した。ザリガニが申し出て水の底を歩きまわり、四日後にハサミで土を持って帰って鳥たちに見せ、丸くボールにしてワシに渡した。

ワシはそのボールで島を作ってはどうかと提案した。その島はだんだん大きくなり陸になっていった。水は遠ざかり陸が増えたりくっついたりした。

とうとう大地ができあがると、神の霊はクリークの人々をそこに住まわせた。この人たちが人間の始まりである。大昔に起ったことだ。（新開）

3　イッカクと洪水　ウクライナ

大洪水がおきようとするとき、主なる神はノアにすべての動物を一組ずつ方舟に集めるよう命じた――子孫を増やすために。すべての動物たちがすすんで方舟にやってきたが、イッカクだけはいかなかった。おれは洪水なんか怖くない、と。

ところでイッカクはすごく大きかったので、洪水が始まったとき、水はその膝までしかこないほどだった。だから平気で歩いていた。ところが水がすべての地、すべての木々をひたしてしまうと、鳥たちがあちこちから飛んできてイッカクにとまった。なんせ他になんにもなかったから。はじめイッカクも面白がって楽しんでいたが、そのうちたえきれないほど鳥が乗ってきたもので、ひっくり返って沈んでしまった。

洪水が終わると、主なる神は水に地の中に去るよう命じた。水は穴のある所を見つけ、流れこんでいき、土地を削りとっていったので、そこには山々ができた。洪水の前、大地は平らだったのだ。

（渡辺節子）

4　水を探す　チンポー（中国）

世のはじまり、人間と動物たちは、みな話ができた。ただ飲み水がない。人間はかねてから多くの動物たちに水を探してくるよう頼んでいたが、だれも見つけることができなかった。その日人間は、コウノトリに頼んで水を探させた。とうとうコウノトリは水を見つけ、木の葉で大きな水の包みをつくり、くちばしでくわえて飛んでもどってきた。

人々は大喜びで歓迎した。ある者は歌い、ある者はとびはね、ある者は歓呼の声をあげ、とてもにぎやかになった。コウノトリは自慢げに人々の頭上をひと回り旋回した。けれどもくちばしに水の包みをくわえているのを忘れて、ひと声鳴いたので、水の包みは落ちてしまった。水は木の葉の上に散らばり、草の上に散らばり、もうかき集めることはできない。人間の喜びはむだになった。それからというもの、人間はコオロギや小さい虫を見て、水を探して飲むようになった。もともと人間が飲んでいたのは、コウノトリが木の葉や草の上にまいた水だったのだ。

人間は集まってまた相談をし、犬に頼んで水を探しに行かせた。数日後、犬は水を見つけてきた。人間は犬が遠い場所から水の包みをくわえてきたのを見ると、みんなで集まって歓迎した。けれども犬は、岩の上に登ってみんなと顔を合わせたとき、うれしくなってくわえた水の包みのことを忘れ、ひと声吼えてしまった。水の包みは岩の上に落ちてしまい、水滴は岩の割れ目に入り込み、二度と取り出すことができなかった。人間の期待はまたも外れた。

人間はまた集まっていっしょに相談をした。多くの者が、水はまだ岩の割れ目の中にあって、そこに入りさえすれば、水を取り出せると思っていた。みんなはたくさんの方法を考え、多くの動物に頼んだが、だれも岩をこじ開けて入ることはできなかった。最後にとうとうカニのことを思い出し、頼んで取りに行かせることにした。その日、呼ばれたカニが来て、みんなも全員集まって来た。人間が来たし、牛も馬も猪も鶏も来た。虎もヒョウも、キョンもアカシカも来た。コウノトリもカラスもスズメも来た。

カニが横にはって岩の割れ目に入り込むのを、みんなは固唾をのんで見守った。横ばいして出てくるときに、大きな泉のかたまりがカニについてきて、したたり落ちた。みんなは喜んで、たちまち人間の声、獣の声、飛ぶ鳥の声が天地を揺るがし、山に谷に響きわたった。

歓喜の余韻で、鳥も獣も興奮のあまりじっとしていることができず、すぐに水を飲んだ。飲んだ後、話ができなくなってしまった。人間は賢くて、動物たちが水を飲んで口がきけなくなったのを見て、すぐに飲むのをやめ、いっしょに相談した。老いた者が提案した。「やはりまず水の神にお供えをし、人類への恩に感謝し、水についた各種の邪神妖怪を駆除するようお願いしよう」。みんなは賛成し、いそいでお供えものを整えると、祭礼をとり行った。老いた者たちに頼んで最もきれいな言葉で祭りの詞を捧げてもらった後、竹の樋を作って、そこではじめて水を受けて飲んだ。というわけで、人間は水を飲んでも、以前の通り言葉が話せるのだ。（藤沢）

5　化けもののカエル　アベナキ（アメリカ）

ある年、大干ばつがあった。雨が降らず、地は乾いた。ついに川の流れも止まってしまった。川べりに住んでいた人たちにとっては一大事。男の使いを川上にやって誰が水を止めているのか見に行かせた。男は戻ってきていう。

「ダムで水を止めているんですよ。見張りがいうには親玉が水をひとり占めにしているんだとか」

「どうぞ水をくださいとお頼みして来い。水なしでは村中の者が死んでしまう」と村長。

使いの者をもういちど行かせたが、木の皮のコップ一杯の泥を持って帰ってきた。

「これだけが親玉のくれたものです」

村人たちは怒った。闘うときめた。兵隊を送りこんでダムを壊そうとしたが、巨大な化けものが水から出てきた。鹿でさえ飲み込んでしまいそうな大きな口、黄色くふくらんだ腹、そして杉の根のように長い指で兵たちを握りつぶし、助かった一人だけが村へもどって何が起ったかを報告した。

「あの化けものには、たちうちできません。どうしたらよいのかわかりません」みんなは困った。

そのとき、村長がよいことを思いついた。

「ギッチーマニトウ（神）に祈ろう、きっとかわいそうに思って助け舟をだしてくださるよ」

みんなはタバコを燃やして祈った。

みんなの祈りがとどいた。ギッチーマニトウは人々を見下ろして難儀を知り、使者を呼んで、みんなを助けるようにいいつけた。

地上に降り立った使者はとても背の高い勇士で、顔の左半分を真っ黒に、右半分をまっ白に塗っていた。りっぱなワシを肩に乗せ、両側に黒と白、二匹の狼をしたがえていた。人々はていねいに出迎え、ギッチーマニトウが命令をしてくださったのだと信じた。そして、「どんな飲みものも差しあげられません、化けものが水をひとり占めしているのです」といいわけした。

「その化けものはどこだ？」

使者はカバの木の根でつくった棒をふっていう。涸れてしまった川上だと聞いて使者は川をさかのぼり、そこに魚やカメやその他の動物が死んで乾いてしまっているのを見た。

「水をもらうために来たのだ」とダムのてっぺんの番人にいうと、「そいつには何もやらん」と大きな声がダムの向こうから聞こえた。使者は何度も頼み、そのつど大声でこばまれた。四度目のときには木の皮のコップに半分の水を投げてよこした。使者は怒り、荒々しくダムを踏みこわし始めた。踏むたびに使者の背丈が伸び、ダムの高さより高くなった。深い水の中に座っている化けものよりも大きい。持っている棒は松の大木より長くなり、ダムはそれでたたきこわされ、水が流れ出した。

使者は化けものをつかみ力いっぱい握りしめたので、化けものの目は飛び出し、背は曲がってしまった。使者がもう一方の手で化けものの体をなでると、化けものはだんだん小さくなっていった。「水のひとり占めはこれきりだぞ、おまえはただのウシガエルだ。お情けでこの水のなかに住まわせてやる」とカエルを水のなかへ放り投げた。

それからカエルは隠れ住み、いつまでも使者の声、「カエルには何もやらん、何もやらん」を聞かなければならなかった。

村人は水に困らなくなり、あまりのうれしさに水の中にとびこみ、長く、深く水の中にいたので、ほんとうの魚や水中の生きものになってしまった人もいたらしい。
水はみんなのものなのだ、ということ。

（新開）

6　雲呑みお化け　ズーニー（アメリカ）

アメリカ大陸の西南に住んでいる人たちにとって、雨ほど大切なものはなかった。人々は雨を二つに分けていて、強く地を打つ雨を男雨、やさしく地をしめらすように長く降る雨を女雨と呼んでいた。雨の歌や話はたくさんあって、その一つがズーニー族の人たちが、トウモロコシの粉を挽くとき、雲が出てくる山々を愛でるこんな歌。

美しい山から登ってくる雲
空高く雨を抱えて
やがて雨が落ち始め
花を咲かせ、トウモロコシが育つ

カチーナの神さまと雲は力強く、情け深く、祖先の魂を助けてきた。だから、ズーニーの人々は、雲を呑みこんでしまう巨大なお化けを恐れていた。世界が始まったばかりのころ、そのお化けはシェリー峡谷の崖に住んでいるといわれてきた。人間を食べ、雲をつかんでしぼった水を呑むので、人々は「雲呑みおばけ」と呼び、勇敢な男たちがやっつけようと出かけたが、二度と戻って来ることはなかった。

お化けが雲をぜんぶ呑んでしまうので雪が降らなくなってしまった。雨も西の方からは降らなくなった。山の上の霧がみんな東へ行ってしまったからだ。雲がなくなったので南側は乾き、作物が枯れてしまい死んでしまう人たちもいた。

双子の英雄がそれを見て、雲呑みお化けをやっつけてくるといい、おばけの住む崖に向かった。とちゅう、道ばたにクモの巣を見た。

「クモおばあちゃん、ごきげんいかが」と二人はあいさつ。

「元気だよ、どこへ行くんだい？」とおばあちゃん。

「雲呑みお化けの退治さ」

「いいね、けど注意しなよ。そのお化けはバカでかくて、いたずらするよ。体を伸ばして崖上にアーチをつくり眠っているふりをして、誰かが脚の下を通ると引っつかんで、崖下に放りなげるんだ」

「どうすればいいんだろう？」

「私が先に行くからしばらく待って、それからついておいで」

おばあちゃんはお化けの側まで行った。お化けはまるで丘のように大きくて、木の株のように大きな足でアーチを作り、眠ったふりをして双子が近づくのを待っている。小さいクモおばあちゃんは、お化けの側の石にはいのぼり、気がつかないように糸でぶら下がってお化けの額の上に降り、目をクモ糸で縫いあわせてしまった。

お化けは目が開けられない。双子はそろそろとお化けに近寄り、戦いの歌をうたい始めた。

「誰だ」と雲呑みお化け。双子は近づく。

「おれは年とって動けないんだ。足の下を通りぬけてくれ」と雲呑みお化け。

双子は右と左に分かれて近づき、盲目同然のお化けを棒でひとりが頭を、ひとりが腹をなぐってやっつけた。そして、その大きな体を、いつもお化けがそうやって人を崖下へつき落とし殺してきたように、崖下へ放り投げた。

ついに、雲は山を通りぬけ、雪は北へもどり、雨はまた西から来ることができるようになった。霧は山の上にとどまり、春は南にもどり、穀物は育ち、人々は幸せになった。

お化けが崖下に落ちたとき、その足を地に強く打ったので、立ったままの姿で血だらけで石のように硬くなった。ズーニー族の人々はその石が雲呑みお化けだと知っているので、それを見るたびに、お化けをやっつけて命の雨をとりもどしてくれた双子の英雄に感謝する。

（新開）

7　龍王をこらしめる（抄訳）　プミ（中国）

龍王は雨を司る。龍王が雨を降らせば、地上に水があり、降らさなければ、地上の人々は災難に遭う。言い伝えによれば、古い時代、龍王はとても横暴で、雨の神にずっと雨を降らせないようにさせた。降らないから、泉、井戸、洞穴はすべて干上がり、田畑は乾いてひび割れ、命あるものは乾きで死ぬ。人々の怒り怨みと生きものたちの憎しみは天上にも伝わった。

天神のひとりが龍王の家で下僕になりすまし、龍王に気に入られるよう仕向けた。龍王の家には何でもあるとおだてあげた後で、世の中で最も価値のある鳳凰の卵だけがないことを指摘して、くやしがらせる。天神は留守にしている鳳凰の巣から卵を盗んで龍王に献上すると、暇を取って龍王のもとを去った。一方で、失った卵を探す鳳凰を、天宮に招いた。

天神たちは尋ねた。

「鳳凰よ。あなたは天を覆うほど大きな羽根を持ち、稲妻のように敏速な足爪をお持ちです。あなたには龍王を水の中から捕まえてくることができましょうか？」

できると答えた鳳凰に、卵を盗んだのが龍王であることを知らせた。

それを聞くと鳳凰は、すべての爪を震わせて怒り、すぐに飛びたとうとした。が、神々は引き止めていった。

「あなたは龍王の身体をまるごと捕らえてくるには及びません。そんなことをしたら人々が暮らせなくなります。ただ、龍王の頭がここに届くよう、引きずりあげてくれればよいのです」

鳳凰は、すぐに羽ばたいて九九八十一層の天上に飛んだ。それから狙いを定めて大海をすっぽりと羽根に収めると、体を縦にして海面を裂いた。たちまち洋々たる大海はまっぷたつに割れて、海の底の龍宮と龍王があらわになる。その瞬間、鳳凰は稲妻の速さで足爪を伸ばし、龍王の首を水面に引きずりだすと、ずずうっと神々の面前まで引き上げた。鳳凰は龍王の頭をしっかりつかみながら、大きな声でいった。

「おまえのやったことは、まったくもってけしからん。本日天神の御前で卵を返せばよし。否の一文字でもいおうものなら、目にもの見せてやろうぞ！」

龍王は鳳凰に首根っこをつかまれて声が出せず、ただ頭を振って許しを請うしかない。天神たちはいった。

「おまえは龍王でありながら雨を降らせなかった。やるべきことをしなかったばかりか、鳳凰の卵を手に入れ、天の怒りと人々の怨みをかった。今ここに問う。おまえは、鳳凰の卵を返すのか返さないのか？」

龍王は、何度もうなずいていった。「返す、返す、返す！」

「雨を降らせるのか降らせないのか？」

「降らせる、降らせる、降らせる！」。畳みかけるように答えた。

「ならば、卵を鳳凰に返し、すぐに雨を降らせよ。あらゆる洞穴、泉、井戸から水を出し、地上の穀物を育て、人類に食べ物を与え、命あるものみなが好日を過ごせるようにするのだ。できるか？」

「できる、できる、できる！」。龍王はたてつづけに答えた。

「できたなら、人類はおまえを敬うだろう。供え物をし、毎年一番よい食べ物を捧げるだろう」

神々がいいおわると、鳳凰は龍王を軽々と海に放り出した。

突きはなされた龍王が大海にぶつかると、水柱が九千九百丈（約三万三千メートル）も盛り上がり、水柱は散らばって一千個一万個の水滴となり、水滴はまた四方八方に飛びちった。そして大きな水滴が落ちたところは大河や河川となり、小さな水滴は泉や井戸となった。高い山の間に落ちたものは湖沼となり、山の麓に落ちたものは洞穴となった。

その後、プミ族は天神の教えに従って龍王を敬い、あらゆる水のある河川や湖や池と、水が出る泉や洞穴や井戸に、毎年祭祀を執りおこなった。最もよい食べ物を龍王にお供えし、龍王がプミ族によい日々を賜るよう祈った。龍王がこらしめられてから、神々が守るべき掟が増えた。地上の人々を乱す濫行悪行は、敢えて再び行われないようになったのである。（藤沢）

8　雨の王子の花嫁（抄訳）　グジャラート（インド）

昔々、貧しい男が、妻と娘と一緒に、深い森の奥に住んでいた。あまりに貧しかったので、食べ物を手に入れるためだけに毎日、一日中森をさまよわなければならなかった。娘は光り輝くように美しく、それとおなじくらい賢かった。父親が毎日、疲れはてて帰ってくるのに心を痛め、なんとか役に立ちたいと思っていた。

ある朝、父親が弓と矢を持って森に狩りに出かけると、娘はこっそりと後をつけた。しかし、森に入ると、父親は素早く音を立てずに動いたので、すぐに見失ってしまった。娘は道に迷い、疲れ果ててしまった。休もうとしてあたりを見回すと、素晴らしい穀物の畑があった。穀物は、森の木を伐り、耕し、種をまいて収穫するのだ、とその畑で働いている男たちが教えてくれた。娘は喜び、畑を作ろうと家に帰った。娘は母親に畑の話をし、両親に小屋の近くに耕すための小さな土地をくれるよう頼んだ。翌朝、父と娘は森にいき、場所を選んで木々を伐りたおし、土地をきれいにして種まきの準備をした。娘は雲を探して空を見上げ、働きが無駄にならないように雨をまった。

種まきの日に、娘は畑に行った。空にはたくさん雲があった。娘は雲が雨を降らしてくれるのを待ち続けた。しかし雨が降る前に、ひとりの若者が森から現れた。身につけているものや衣装は、王子のようだった。若者を見ていると、娘の心臓は喜びで踊りだした。いままでこんなにハンサムな男性に出会ったことはなかった。

「どうして空を見上げているのですか？」

と王子は娘に近づいてくるといった。

「畑のために雨を待っているのです。雨は豊かな実りをもたらしますから」

と娘は答えた。

「では、わたしがあなたに雨をもたらしたら、何をくださいますか？」

と王子は尋ねた。娘が答えられないでいると、王子は、結婚してほしいと言った。娘は喜んでその申し出を受け入れた。すると王子はいった。

「わたしが去ってから、一時間以内に雲があなたの畑に水を与えるでしょう。でも、わたしとの結婚の約束を忘れてはいけませんよ」

　そして王子は娘に警告を与えた。王子は雨季の始まりの今のような姿ばかりでなく、恐ろしい姿にもなる。その姿になった時に、恐れてはいけない。娘は結婚したら、いつでも王子に先立って進まなければならない。約束を破ったら死ぬことになる、と。娘はどのような姿でも王子を愛すると約束した。

　やがて雨が降り、娘はとても喜んだ。そして両親に別れを告げた。若者は娘を雲の翼に乗せて、空の上へと連れて行った。ふたりはそこで一緒に幸せと歓びに満ちて暮らした。しかし数日後、娘が眠っている間に、王子は恐ろしい姿に変わった。王子の体にはサソリや蛇が這い、髪が風に舞い、眼は赤かった。その姿を見て、娘は気を失った。すると王子は娘が約束を破ったと考え、ナイフを娘の胸に突きさした。そのとき、娘は稲妻の輝きとなって空を横切った。王子は雷となって後を追った。こうして、ふたりは雨の王と稲妻の女王になった。

（難波）

9　北海ができたわけ　ドイツ

このあたりでは、北海は人殺しだという言い方がある。というのも、一度でも水の出たところでは、いつまた水がやってくるかもしれないと古くから信じられている。だから、エルベ川からリパーフルトの土地は、何度となく水害をこうむっている。いつもというわけではないが。

西暦六百年ごろ、ガルへーヴェンという名の女王がイギリスを統治していて、当時のデンマーク王はその女王と結婚の約束をしていた。ところが、王は約束を守らず王女をほったらかしにした。王女は激

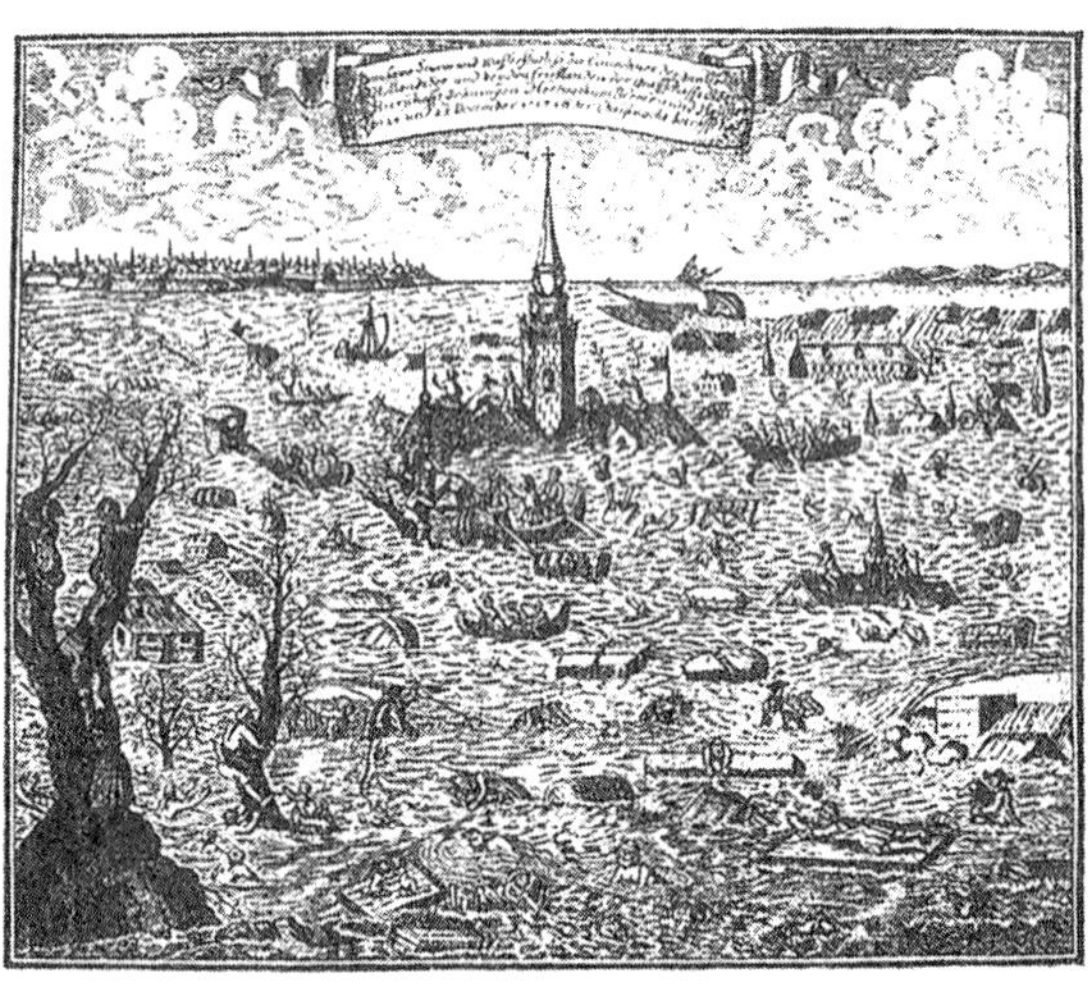

北海の洪水

怒し、デンマーク王に属するすべての国々を呑みこみ沈めようと考えた。

そのため、イギリスとフランスの間の地峡、それは当時七マイル（約五十三キロ）の長さがあり、そこまで水を引きとめていたが、七百人を七年間休むことなく働かせて掘り抜いた。また、女王は、ホイヤー付近で水が大地の奥まで押し寄せられるように、一本の運河を埋めさせた。

洪水が押しよせたとき、女王はこの運河の入口にあるちいさな島の上に立ちあがり、どうやって土地が沈むのかを見ようとした。ところが女王は見込み違いをしていて、洪水は小さな島にも溢れ女王も呑みこまれた。

当時、この水の来襲によってあたりの海岸では土地は沈み、荒れ果てた海となり、十万人の人々が溺れ死ぬという大災害をこうむった。この土地の人々はこのことで王さまに腹を立て、数人の貴族が王を毒殺し、王の名前を完全に抹殺した。

それ以来、北海はひどく暴れるようになり、潮の満干はどんどん激しくなり、女王の怒りのせいで今日に至るまで、人々は毎年のように被害をこうむっている。

しかし、海のすぐそばに住むフリースランド人たちは、小さな干拓地で沈んだ土地の一部を取りもどし、その褒美としてカール大帝から選挙権と自由を受け取った。


（高津）

10　洪水　ビール（インド）

マッディヤ・プラデーシュ州のビール族の人々はこう信じている。洪水が迫ってきているって、洗濯屋に最初に伝えたのが魚である、と。

魚から知らせをきいて、洗濯屋は自分の妹と雄鶏をつれて避難小屋に入った。はたして洪水が起こった。小屋は水の上に浮かんだ。こうして洗濯屋たちは助かった。すぐに洪水は治まった。神の使いが雄鶏の啼き声を聞きつけて、水上に浮かぶ小屋の位置を突きとめた。岸まで引き寄せられて、神の前でドアが開けられた。小屋から三つの生き物が出てきた。

神が洗濯屋にたずねた。

「おまえは何者だ？」

貧しい男は一切を話した。すると神はその男を、最初は東に向けて、つぎは西向きに、それから北向きに立たせてから、一緒にいる女が自分の妹であると誓うよう求めた。洗濯屋は命ぜられるまま応じて、一緒にいる女は自分の妹であると誓った。そのあと、南に向くよう求められた。こんどは、洗濯屋は一緒にいる女が自分の妻であるといった。そういったことで、その女性と結婚することを強いられてしまった。

時をへて、二人は七人の息子と七人の娘をもっていた。これらの子どもが長じて、さらに交わりを重ね、大きな人口となった。洪水の夫婦から最初に生まれた息子に、神は馬を贈った。ところが、その子は動物の取り扱い方を知らなかった。馬に乗れなかった。馬を放って、深い森に入った。この息子から、ビール族が生れたのだ。今日も、ビール族の人々は洪水に大きな畏敬の念を抱いている。

＊魚が洪水を予告するというモチーフは、古く『シャタパタ・ブラーフマナ』（紀元前四世紀頃には成立していたヴェーダ文献）や『マハーバーラタ』などインド古典にも見られる。　（水野）

11　カエルの予言　アメリカ

世界が水の中に沈んでしまうことを一匹のカエルが予言した。怒った男がそのカエルをつかんで火の中に放りこんだ。他の男がそれを止めてカエルをつまみ上げて介抱したので生き返った。助けた男にカエルは、陸は水の中に沈んでなくなってしまうだろう、だから筏を組んでその下に草をひく、そうすればビーバーが木に穴をあけないだろうと教えた。男はそのとおりに長い乾いた森の丸太をくくり合わせてその下にたくさんの草をつめこんだ。

人々はそれを見て、どうしてそんなことをするんだ、とたずねる。男は洪水が来て陸は水の底に沈んでしまう、そのときに筏に乗れば助かるのだと説明したが、そんなことは起こりゃしないと笑う者もいた。しばらくして筏はできあがり、本当に洪水が起った。魚も流れてきたので、人々はこれはいいと喜んだが、男の家族はカエルといっしょに筏に乗り、水が上がってくるとふわりと浮き上がった。こんどは他の者も乗ろうとしたがだめだった。水が増えて溺れ死んでしまった。鳥たちは飛び上がって空にへばりついたが尾は水でぬれていた。それほどの洪水だった。

（新開）

12　人魚の復讐　ドイツ

昔、オランダの海岸の側にはスハゥエンという名前の島があった。かつて、そこで、男が人魚をつかまえた。人魚は自由にしてくれるように必死に頼んだが、男は放してやらなかった。そこで、人魚は機会を見て男から逃げると、再び海の中にするりと入って、もう一度寄せる波から身を出してこう叫んだ。

ああ、スハゥエン、スハゥエン
おまえは悔やむことになるだろう！

翌日大きな高潮がきて、スハゥエン島はすべて波に流されてしまった。

（杉本）

13　カエルが銀を吐く　リス（中国）

むかしむかし、ひとりのみなしごがいた。族長から虐待と迫害を受け、耐え切れずに、人家のない遠くに逃がれた。けれどもそこには水がない。探して探して三日歩き、苦労してようやく小さな鉄鍋ほどの池を見つけた。池の畔に小屋をかけ、昼間は山で農地を切り開き、夜は小屋で休んだ。あるとき水を汲みに行くと、池に一匹のカエルがうずくまっていた。カエルがいった。

「ぼくを捕まえないで。この水はぼくが作ったんだ。ぼくにひどいことをしたら、水が飲めなくなっちゃうよ」

みなしごは、カエルが水を作ることができると聞いて、心の中でとても喜んだ。

「ぼくはひどいことはしない。それどころかあなたを守ってあげる。何か食べたいものはないかい。さあ、教えておくれ」

「ぼくはきみの農地の虫を食べたい」

「いいよ。見つけてごちそうしてあげる」

それからというもの、農地から毎日欠かさず虫を捕まえてきて、カエルに食べさせた。日は一日一日過ぎていき、農地の虫は取りつくした。作物は育って生いしげり、カエルも肥えた。池の水は、ごぼごぼ湧きあがって増え、泉に変わった。みなしごは、カエルをかわいがるうちに、カエルが野生の生きものに奪われ、泉の水が涸れるのを恐れるようになった。

ある日、カエルののどに何かが刺さった。カエルはみなしごに、背中を二回たたくように頼んだ。みなしごはカエルの喉にささっているものを見て、とてもつらいに違いないと思い、目に涙を浮かべながらやさしく二回たたいた。するとカエルは、銀のかたまりをひとつ吐き出した。

「これからぼくは、毎日銀をひとつ、吐いてあげる。きみは少しずつ裕福になれるよ」

そのようにしてふた月が過ぎた。みなしごの暮らしはカエルの言葉の通り、よくなっていった。きれいで働き者の妻を見つけた。二人で相談して三つの部屋がある瓦ぶきの家を建てた。何頭かの家畜を買った。何年か過ぎると騾馬や牛や羊が百頭を越え、食べ物は倉にいっぱいになって、豊かな日々を過ごすようになった。

このことが後に、族長に知られてしまった。族長はおおぜいの人をやって、カエルを奪い去った。次の日、カエルは族長の家にひとかたまりの銀を吐いた。族長夫婦はうれしくて笑いがとまらない。その次の日もまたひとかたまりの銀を吐いた。このとき吐き出した銀は大きくてきれいで、族長はますますうれしくなった。みんなに見せようと、一族郎党を呼びあつめる。すると銀は、突然、太陽よりももっと強烈な光を放ち、族長一家は声ひとつ上げる間もなく、たちまちにして干からびて死んだ。カエルは河に跳びこむと、河はすぐに大河となり、族長の屋敷も財産もすべて押し流してしまった。


（藤沢）

14　石の獅子の目に血が流れる　チベット（中国）

むかし、ある国王が一人の僧を召し抱えていた。その僧は神通力を持ち、多くのことを予言していた。ある日、僧は国王にいった。

「王さま、大変恐ろしい知らせを申し上げなければなりません。この城の城下町はもうすぐ洪水で沈んでしまいます。王さまはじめ、民はみな魚のように水底に留まることになりましょう。しかしながらただ一つ、洪水を予知する方法がございます。どうぞ市場の石の獅子を観察するよう毎日人をお使わし下さいませ。もし獅子の目から血が流れたら、それから七日もしないうちに洪水はやってくるでしょう」

そう言い終えると、国王がどんなに引き留めても僧は荷物をまとめて旅立ってしまった。

国王は僧の話を信じ、毎日自分の三人の娘を順番に市場まで肉を買いに行かせた。その実、石の獅子の目を調べに行かせていたのだ。石の獅子の周りには五人の肉屋がいた。五人は王女さまが自分で肉を買いに来るのをとても不思議に思い、こんな風にいいあった。

「まったく、王さまのところには何百人も召使いがいるだろうに、どうして王女さまに肉を買いに来させるのだろうか。これは絶対なにか訳があるぞ」

ある日、一番末の王女さまにこの疑問をぶつけてみた。すると王女さまは周りに人がいないのを確かめると、石の獅子に血が流れたらどうなるか、ということを正直に話した。

王女さまが行ってしまったあと、五人の肉屋はあれこれ相談した。自分たちだけでこの秘密をしっかりと抱え込み、ボロ儲けしてやろうと思った。夜、牛の血や羊の血をこっそりと石の獅子の目に塗った。

次の日、一番上の王女さまが肉を買いにやって来て、石の獅子の両目から血がしたたっているのを見た。驚きのあまり、肉を買うどころではなく大慌てで王さまに報せにいった。国王はすぐに大臣を集め、この恐ろしい報せを告げ、王宮の財産をほったらかしにしたまま、国中の人を連れて山の上に逃げ去った。

ただ五人の肉屋だけは心中密かに笑い合った。ちょっと悪智恵を働かせただけで、数え切れないほどの財産と家を手に入れることができた。たくさんの牛や羊をつぶし、大がめの酒を飲み、順番にお互いの家で宴会を開くこと三日。自分たちがたいそう智恵があったおかげで、一夜の間に町一番の大金持ちになったことを祝福した。

五人で宴会を繰り広げ大騒ぎしている、ちょうどそのとき、石の獅子の目から本当に血の涙が流れ出した。しかし肉屋によって塗られた牛や羊の血のおかげで、それに気づくことはなかった。こうして七日後、町は丸ごと水に沈んでしまった。五人の肉屋とその財産は、ザブンザブンと寄せては返す大波に押し流され、どこ行ったのかだれも知らない。

（三倉）

15　ただ必要なのは天水ひとすくい　チャム（ベトナム）

ある年、それはひどい旱魃になった。河、溝、湖、池、あらゆるところの水が干上がった。平地の水田、畑はひび割れ、トウモロコシも稲も芽を出すことも花を咲かせることも実をつけることもできなかった。いたるところで、あらゆる動物たちが水不足で苦しんでいた。ありとあらゆる生き物は雨が降るのを待ちのぞんでいた。それでも、天は高く青く、雲一つもなく、強い日差しで、まるで炎が吹きだしているようだった。

ある集落に勇敢な若者がいた。若者は、ただ手をこまねいて、雨を待ち望んでいるのに我慢できず、なぜ下界にいる生き物たちに長い間旱魃をもたらし、こんなにも困苦を与えるのか天にたずねに行くことにした。

天への道はとても遠かった。しかし若者は進みつづけ、やっとたどり着くことができた。天界の様子は下界とはまったく異なっていた。こちらでは仙人たちが歌い踊り、あちらでは天神がにぎやかに宴会をしているという具合だった。若者は心を奪われることはなかったものの、その光景を唖然としてみていた。若者が庭園に迷い込むと、二人の白髪の老人が座って碁を打っている姿が目にはいった。若者はその二人の容貌、風体を見て、おそらくこの二人は天の国でも指導的立場にいる人だろうと思い、礼儀正しくそばに行き、事の次第を訴えた。しかし、二人は碁を打つのに夢中で、若者の訴えなど耳には入らなかった。非常に怒った若者は、大声で叫んだ。

「そこで座って碁に熱中しているお二方、下界でどんな旱魃が起きているかご存知か？」

一人の老人が驚いて若者に一言告げた。

「あの柄杓で水をひとすくいとって降らせなさい」

若者が周囲を見ると、二人が碁を打っている場所の近くに、下界にあるような普通の小さな水甕があった。若者はすぐに甕から水をすくって大量に振りまき、それを終えると、二人の老人に挨拶して帰路についた。

下界につくと、若者は非常に驚いた。というのも、いたるところで水があふれ、水牛も牛も家財も、ありとあらゆるものが流れてしまい、若者の親しい人たちもどこかに行ってしまっていたからである。この時になって、若者はやっとわかった。ただひとすくいの天水で十分だったのだと。

このように、天はいつでも下界にひとすくいの水を降らすのをおぼえているとは限らない。なぜなら天神がいつ碁に熱中するかわからないからだ
（本多）

16　雨乞い　ロシア

ここで首吊りがあって、ちょうどトロイッツァの前の夜だったかな？　スクヴォズノヴォでね。若い人で、軍隊から戻ったばっかだったけど……。

ところでずーっと長いこと雨がなくてねぇ。降らない、降らない、すごい旱魃でね。あたしら年

寄りの言うにゃ、

「死んだ人に、首吊りの人に水かけなきゃ」って。

そこにうちの母親もきてね。女の人、一人が反対だったけど、あと一人、女の人が、四人いたんだけど、やって来た。ここの墓地はそこ、そばにあって、で、泉から桶で四十杯運んできた。ところで給水施設はコルホーズのものだったんだよね。女たちが頼んで、男たちが来て、男たちが杭で、墓に杭を打ちこんでさ。それで柩までまっすぐ届いて、この杭がね、それでその穴に桶四十杯流し込んだんだよ。

流し込み終えたら、一同、家に帰り着く前にものすごい豪雨がきた、怖いようなやつがじゃんじゃん、雨に雷さ、ざんざんときたのよ。


（渡辺節子）

17　ふさがれた井戸　ドイツ

ほとんど湿地帯であるハリゲン諸島(注)には、完全に新鮮な水の井戸はめったにない。そこで、人々は天水桶に雨をためていた。それは雨の小川とか集合井戸と呼ばれている。

ノルドマルシェ小島に真水の井戸があったが、それはまもなく妬みと争いの種になった。とうとうある男がうんざりするほどの悪意で、大きな石を井戸の中に投げ込んで、ふさいでしまった。それ以来そこの住民はひどい旱魃や高潮のあと、たびたびきれいな水が不足して苦しんだ。

ふさがれた井戸を掘り返しても無駄だった。というのも、もし人々が神さまの贈り物のことで争ったら、その恵みはいつも消えてしまう。だから、魚もまたハリゲン諸島の島々の流れから離れてしまった。

また、役人が捕獲物を横領したり、ガンの捕獲に課税したりしてからは、ガンはすべてジュルト島のそばを飛んで行き、ニシンももうこの浜に来なくなった。それ以来人々はヘルゴランド島の人々と獲物をめぐって争っている。

（杉本）

注　ドイツ北海沿岸の群島。

18　聖コンスタンティンの井戸　イギリス〈イングランド〉

パドストウの近くのセント・メラン あるいはメリン教区に、聖コンスタンティン教会の遺跡と聖なる井戸がある。ある暑くて乾燥した夏に、作物が水不足で枯れそうになった。教区の人々は不信心になり、多くが悲しいほど罰当たりになっていた。日照りは人々の悪い行いへの呪いだった。教会は崩れて廃墟になりかけ、井戸は汚れ、井戸の上のアーチも壊れて崩れていた。神の言葉をばかにしていたよこしまな人々は、困りはてて司祭に相談した。

「聖なる井戸を掃除する以外に、助かる道はない」

人々は司祭をあざ笑った。日照りが続き、水不足に悩まされると、再び司祭のもとを訪れた。

「井戸をきれいにしなさい。キリストの祝福の力を見るがよい」

井戸を掃除することで雨が降るとは信じられなかった。日照りは続き、川は干上がり、人々はのどの渇きに苦しんだ。

「井戸の掃除を。そして、洗って、飲みなさい」

人々がまた司祭を訪ねると、司祭はそういった。

空腹とのどの渇きとで、人々は今回はそれに従った。そして仕事にとりかかった。井戸のコケや雑草は取りのぞかれ、汚れは洗い落とされた。すると驚いたことに、澄んだ水がごぼごぼとわき出した。水を飲んでお祈りをして、体を洗ってさわやかな気分になった。井戸から流れる冷たい小川につかり、暑さで乾ききった身体を水にひたしていたとき、空がくもり、まもなく雨が降りだし、人々は信仰心をとりもどした。


（岩倉）

19　雨　ラトビア

これは遠い遠い昔にあったこと。長いあいだ、雨が降らなかったことがあった。お百姓たちは雨を求めて苦しみ、祈った。

「ほんのちょっとでもいい、お客に来てくれないかなぁ」

するとそこへ雨がやってきた。あるじとおかみさんは高貴なお客さんを迎えに出てきた。そこで雨が思うに、「私がいないと大変らしいな、じゃあ一か月は客になってるとしようか」

雨は一日、二日、三日とお客さんだ。するとおかみさんはそろっとつぶやくようになった。ちょっと出てってくれないかしら、洗濯物を干さなきゃなんないし、家畜たちも濡れそぼっちゃってるし、うちへ帰ってくれればねえ、なんていう水まき男かしら！　って。一方雨のほうは帰る気なんてまるでなし。あるじも胸がうずく。干し草を干さなきゃいかん、畑をならさなきゃいかん、出てってくれよ！　もう五日もうちでお客さんしてるじゃないか。

ところが雨ときたらおかまいなし、お客さまがすっかり気に入ったのだ。

でも幸せなことにそこを風が通りかかって、急いで雨をうまく片付けてくれた。お客さんをとっつかまえて追い払ってくれたのだ。雨はちらっと振り向くまもなかった。

あるじは頭をふりふり、

「神よ、ただもうご飯を食べにくるあんなお客さんからお守り下さい」

（渡辺節子）

コラム　日本の水の民話

水にまつわる日本の民話は数多いが、もっとも親しまれているのは「浦島太郎」ではないだろうか。浦島太郎は竜宮へ行って楽しく過ごしたあと、故郷にもどってみたら長い年月が過ぎ去って家族や知り合いはみんな死んでしまっていた。開けてはならないと言われてみやげにもらった箱をあけると、またたくまに老人になった。時間の流れも人間の世界とは異なっている竜宮という別世界は、古くから、海のかなたあるいは海底にあると考えられてきた。

竜宮は富と豊かさの世界でもあり、「竜宮童子」では、貧しい男が竜宮から一見きたならしい童子をもらう。童子は大切にしているうちは、着物でも家でも何でも望みのものを出してくれる。だが、金持ちになっても童子はきたないままなので、そのことをけなすと、出してくれたものはすべて消えて、元の貧乏暮らしにもどってしまう。よくばりすぎて宝を失ったという類話も多い。

川の淵や池が竜宮に通じているといわれることもある。「椀貸し淵」では、祝い事などのためにお膳やお椀を頼むと、りっぱなものをいくつでも貸してくれたが、あるとき誰かが一つ返さなかったために、その後は貸してもらえなくなったという。

大雨が降って川の堤が崩れたり橋が流されたりということは、昔は今以上に多かったにちがいない。堤や橋の工事がなかなかうまくいかないので、人柱をたてたという話は「長良の人柱」がよく知られているが、同じような伝説は各地に残っている。人間の霊が橋や堤を頑丈にすると考えられていたのだろう。

川はまた、淵にひそむ川の主や河童などの妖怪のすみかでもあった。「沼神の手紙」では、旅人が橋のたもとで美しい娘に、手紙をことづかる。途中で出会った坊さんが「この男をとって食え」と書いてある手紙を「この男に金を与えよ」と書き換える。旅人が次の橋へいって手紙を渡すと、娘は淵から小判をたくさん持ってきて旅人に与える。河童が手紙をことづけるという話もある。河童に尻子玉を抜かれると死んでしまうといわれ、川での水遊びの季節の前に河童を祀って安全を祈願する習俗なども行われた。

一方、雨が少なかったり川まで遠かったりして、水に不自由するというところも少なくなかった。弘法大師が村人の親切のお礼に水をわき出させてくれたという「弘法清水」も各地にある。

水は稲作にとっては特に重要だったので、雨が降らないといろいろなやり方で雨乞いが行われた。水不足を嘆く男が「田んぼに水をかけてくれたら、娘を嫁にやってもいい」と思わずつぶやくところから始まる話は、「猿婿入り」「蛇婿入り」などに数多くみられる。

正月の朝にくむ水を若水といい、一年の邪気を払うと考えられている。神さまの使いで、ひばりが若返りの水を人間のところに運んでくる「ひばりと若水」は沖縄などに多く伝わっている。ひばりが途中で野イチゴを食べている間にハブが若水を浴びてしまい、人間には手足の爪と髪の毛につけるだけしか残らなかった。そのため、ハブは脱皮して若返るが、人間は爪と髪が伸びるだけになったという。

（岩倉）

3章　川の兄弟

1　長江と黄河　チベット（中国）

むかし、遠いところにある老夫婦が暮らしていた。二人で暮らし始めて百年たつが、息子も娘もいなかった。ある日、おじいさんがいった。

「まったくつらいことだよ、どうも長生きしすぎたようだ」

「まぁ、おじいさんたら。よくいうじゃないですか、百歳の老人は西の空に上り、そこには悲しみはなく、あるのは喜びだけだって。何をそんなに心配しているのですか、いってみて下さいよ」

とおばあさんがいうと、おじいさんはこう答えた。

「わしら二人には息子も娘も授からなかった。このことが一番つらいことだ」

「まぁ安心してくださいな。もうすぐ双子を生みますから」

「お、おまえはこんな嬉しいことをなぜ早くいわなかったのだ。まったく何十年と気がかりでしょうがなかったのに」

「苦しみは心の中に根を生やせない、嬉しいことは天からは降りてこない、ですよ。今はもう心配しないで、すべて私に任せてくださいな」

「それじゃぁ、わしが二人の名前をつけておこう。これから先、代々後世に名を残すように。先に生まれた子はジョウチュ、後から生まれた子はマチュとつけてくれ。この二人がどのように成人するか、すべておばあさんの教育次第だよ」

そういい終えると、おじいさんはもはや心配ごともなくなり、西の空へと旅立った。

次の日、果たして双子が生まれた。先に生まれた兄さんをジョウチュ、後から生まれた弟をマチュと名づけた。ジョウチュは眉目秀麗で、体つきも美しく、いかにも外見の美と内面が調和している学者肌。マチュは身体が大きく、肩幅も腰もどっしりとした若者で、まるで草原の駿馬のようだった。

おばあさんはいった。

「私の双子よ、おまえたちは私の身体の中でもう八十年も過ごしていたのだから今や立派な大人だ。さぁ成すべきことを学ばなければいけないよ」

するとジョウチュはいった。

「私はこんな世界を創りたいのです。それは、緑したたる山、水清らかな川の流れる楽園です。そこではすべての人々が楽しんで暮らしていける、そんな世界を」

マチュはいった。

「私は武士になりたい。高い山に登り、平原を越え、

世の人に私の威光を知らしめたいのです」

するとおばあさんはいった。

「私はおまえたちを長年育ててきた。おまえたちが何かしらの技量を持っていることを望んでいるよ。いいかい、人として生まれて何ごともなし得なかったら、それはまるで天上に浮かぶ雲のように東に西に漂うばかり。ついには跡形もなく消えてしまうだろうよ。それにしてもおじいさんは気の毒だった。おまえたちに会えることをあんなにも楽しみにしていたのに、顔すら見ることなく行ってしまった。私がこれから行っておまえたちのことを知らせて喜ばせてあげよう」

そういい終えるとおばあさんはほほえみながら西の空に旅立った。二人の兄弟は悲しさのあまりはいつくばって泣いた。泣いて泣いて九年たっても泣きやむことはなかった。

ある日ジョウチュはいった。

「弟よ、おれたちの父と母は一体どこにいるのだろう。一緒に探しに行かないか」

マチュはいった。

「天は高くどこまで行ってもぶつからない。地は広大で果てがない。いったいどこに探しに行くというのです」

「天はどんなに高くても、私たちの頭上にその頂はあるはずだ。地はどんなに広くても私たちの前方に果てはあるはず。昼間は太陽と共に歩いて行こう。夜は月と共に歩いて行こう。歩いて行きさえすれば、必ずや探し当てることができるだろう」

こうして二人は太陽が沈む方向を目指して歩みはじめた。歩いて歩いて九九八十一日。二人は太陽と月の導きにより天上世界に着いた。天の神さまがちょうど多くの弟子たちに法話を話されているときだった。二人の兄弟もまたその講堂で話を聞いた。神さまは二人に向かって何か質問はあるか、とたずねられた。ジョウチュとマチュは願いを伝えた。

「尊敬すべき天の神さま、私たちはとても遠いところから父と母を訪ねてまいりました。私たちは父の顔を見たことがありません。母は私たちにほんの少し言葉を掛けただけでいってしまいました。私たちはいつもいつも両親のことを恋しく思っているのです」

ちょうどその時、双子の父と母はその講堂で法話を聞いていた。一目で自分たちの子だとわかり、それはそれは喜んだ。そこで神さまに願い出た。

「徳高き、大恩ある神さま、この二人は私どもの双子でございます。二人は大変気骨のある者たちです。どうか神さまのお恵みをいただき、お導きくださるようお願い申し上げます。さすれば、必ずや人々のために奇跡を行うことができましょう」

天の神様が二人の風貌を見ると非凡であったため、ここに残ることを許した。そしてジョウチュを青龍君《チンロンジュン》に封じ、マチュを黄龍君《ホアンロンジュン》に封じ、毎日経典を伝授し、さまざまな法術の訓練をした。

こうして百年がたった。

ある年の夏、旱魃大魔王が妖術を使って大暴れしたため、地上世界は水が涸れはて、あえいでいた。旱魃大魔王は身長が千里（五百キロ）、腰の幅は八里（四キロ）、両手両足を東西南北に大きく広げていたのでその魔力は天地を覆いつくしていた。地上の作物は枯れ、牛や羊は水も飲めずに死んだ。人々は天に向かって助けてくれと大声で叫んでいた。天の神さまは弟子たちをみな集めていわれた。

「今や地上では大きな災難が襲いかかっている。おまえたちの誰か私の代わりに人々に功徳を施し、民を救ってくれないか。人々の暮らしが成り立つようにしてやってほしい」

弟子たちはみな口をつぐんでいた。この時青龍君がいった。

「尊敬すべき天の神さま、不肖の身ながらこの私が参りたいと存じます。旱魃大魔王を倒すのは私以外におりません。どうぞ私を行かせてください」

黄龍君は青龍君の話を聞くと勢いよく跳び上がっていった。

「兄さん、よくもまぁ神さまの前で大法螺を吹きましたね。私の力はあなたより強いのですよ。やはり私が行くことにしましょう」すると青龍君はいった。

「旱魃大魔王との戦いでは単に力だけに頼るのではなく、知恵も働かせなければならない。知恵のある者こそ力があるのだ。勝利を収めるためにはやはり私が行こう」

「口ではいくらでも言えます。神さまの前で試合をすることにしましょう。お互いに知力と勇気を出し合って神さまに決めていただこう」

「弟よ、おまえは確かに武芸には秀でているが、私は九十九通りの法術を使える。それでも競うというなら、やってみよう」

天の神さまは二人の小さな弟子が、まだ幼く、法力も深くはないものの、自分の身は顧みず一心に人々を助けようとしている姿をご覧になってたいへん喜ばれた。そこでいわれた。

「二人の弟子よ。争いは無用じゃ。おまえたち二人が地上に行って人々を救いたいというのであれば、まずはその計画を先に聞いておきたい」

青龍君はいった。

「私は喜んで米や麦、豆になりましょう。人々が食べられるように。取っても使っても尽きることのない食糧になります」

黄龍君はいった。

「私は武力で旱魃大魔王をやっつけましょう。災いのもとを断ってこそ人々は安心して暮らせるでしょうから」

神さまはいわれた。

「二人の弟子よ。旱魃大魔王を制圧するのに一番肝心なことは水で攻める方法だ。水と旱魃とは相容れない。よいか、これからおまえたち二人を地上に降ろす。それぞれ持っている力を使え。旱魃大魔王に勝てるよう私がおまえたちを助けてやろう」

兄弟はこの言葉を聞くと大喜びし、即座に額ずき、では行ってまいりますといった。

しかし青龍君と黄龍君が地上に降りるには、仙女たちが雲や霧に乗るようにはいかない。天の宮殿から地上に降りるのはそれはたいへんなことだ。二人の両親がこのことを知ると、おじいさんがいった。

「わしらの双子が地上に降りるのなら、わしが天のハシゴとなろう。そうすれば二人はわしの身体に足を掛けて降りることができる」

するとおばあさんもいった。

「双子が下に降りるつもりなら私も自分を送り込まないとね。私が二人の雲梯になりますよ」

「人間界では、おまえは百年ものあいだ苦労の連続だったじゃないか。夏には喉をうるおすものもなく、冬には着るものもなく、生涯ただの一足もブーツをはいたこともない。ようやく天上に来たというのに、どうしてまたここを離れるなんていうんだい。やはりここに留まっていなさい。わしにいかせてくれ」

おじいさんの言葉におばあさんはいった。

「人々がみな大変な災難にあっているのに見殺しにはできません。そんなことでは、天上世界に居ても神とは言えないことになってしまいます。ここでは何不自由ない生活ですが、私はやはり双子と一緒に人間界に降りて旱魃大魔王を退治し、すべての人々がここと同じような生活ができるようにしてやりたいのです」

おばあさんは決心した。即座に天の頂から地へ立つ雲梯となりジョウチュとマチュにいいつけた。

一人は左側、もう一人は右側を伝わって足を踏ん張り、下まで降りていくように、と。

二人は降りると神さまの命令に従って青龍君は一筋の大きな川になり、黄龍君は一筋の大河となり、おのおの自分の知恵と神力を出し南から北へ、東から西へ協力して挟み撃ちにし、旱魃大魔王の隠れる場所をなくし、とうとう最後には大海へと追いこんだ。

旱魃大魔王が退治されると人々の暮らしも変わった。ようやく五穀が豊かに実り、牛や羊も山に満つるようになった。青龍君がなった大きな川が長江で、チベット人たちはジョウチュと呼ぶ。黄龍君が変わった大河がすなわち黄河で、チベットの人たちはマチュと呼ぶ。おばあさんがなった雲梯は天の頂きに接し、その威力たるや八方まで知られるバヤンカラ山となり、チベット人たちは長江と黄河の母と讃えている。（三倉）

2　ガンジス川の降下　インド

昔、悪魔どもと神さまたちが争っていた。神さまたちをやっつけようと、悪魔どもは企んだ。昼間は海に隠れていて、夜、神さまたちの攻撃に出た。討たれちゃたまらん、と神さまたちはアガスティヤ仙人に助けを求めた。

アガスティヤ仙人は、海の水を飲み干すことで、神々の悩みごとを解決してやった。悪魔どもは隠れる場所がなくなってしまったから、神さまたちにやられてしまった。そこで、神さまたちはアガスティヤ仙人に、海の水を戻してくれるようお願いした。ところが仙人は、もうとっくに消化してしまったから戻せない、といった。

地上に住む人間たちには、海が干上がり、水がない。神さまたちは、気が気でないので、ヴィシュヌ神のところへ行って、地上に水をもたらしてくれるよう泣きついた。

一方、六万人の息子をもつサガラ王が、世界制覇をもくろんで白い馬を放つ犠牲祭（注1）をおこなっていた。馬が進入した領土の王は、サガラ王に戦いを挑むか王位を譲渡しなければならなかった。そうしてサガラ王は世界を制覇し最強となった。サガラ王が息子たちに白馬をさがしてくるよう命じて送り出した。息子たちはカピラ仙人の庵にたどりついた。瞑想の邪魔をされたカピラ仙人は大層いらだって、眼光鋭く火を放って全員を焼いて灰にしてしまった。

サガラ王は息子たちの死にいたく悲しみ、御霊を清めたいとのぞんだが、それができるのはガンジス川（注2）の水だけである。ガンジス川を地上に降ろさねばならない。サガラ王は願をかけて苦行をしたが、道半ばで力尽き、孫にあたるバギーラタがサガラ王の遺志をついで苦行に専念した。それに満足した造物主の梵天は、願いを聞きいれガンジス川に地上に降りるよう頼んでくれた。だが、ガ

ガンガー女神像、8世紀
（ニューデリー・インド国立博物館蔵）

ンジス川は天界を離れたくない。「わたしが地上に降りるときの激流に圧されて地上の生類はことごとく粉ごなになってしまうだろう」とおどした。唯一、シヴァ神の強力な髪だけがガンジス川の力をおさえることができるからと、バギーラタはシヴァ神に助けを求めた。

シヴァ神が髪の毛を拡げ、空を覆った。ガンジス川が降下するや、いく筋もに流れる水をシヴァ神は髪に集めた。そうしてガンジス川はバギーラタに導かれ、先祖たちの遺骨が積まれた場所に流れた。ガンジス川は無心に流れたので、ジャフヌ仙人が祭祀をおこなっている庵をも押しながし、祭火を消してしまった。怒ったジャフヌ仙人はガンジス川を呑み込んだ。でも、ガンジス川を地上に降ろすために長いこと苦行をつづけていた人の存在を知って、ガンジス川を自由にさせることにした。ジャフヌ仙人は左腿を切り裂いて、そこからガンジス川を流しだした。だからガンジス川はジャフヌの娘ジャフンヴィーとしても知られている。

ガンジス川は流れて、バギーラタの先祖たちの遺骨を清めたので、バギーラティーとも呼ばれる。とうとう、ガンジス川は流れながれて、空だった大海も満たした。サガラ王の名をとって、海はサーガラ（注3）といわれ、地上の人間たちは今も飲み水をいただいている。

注1　大きな権力と財力をほこる覇王が一年もの歳月をかけておこなう馬犠牲祭でアシュヴァ・メーダと呼ばれる。

2　ヒンディー語などインドの言語では川の固有名はほぼすべて女性名詞で、ガンジス川もガンガーと呼ばれ、女神でもある。

3　サーガラは海だけではなく、湖沼の意味でも使われる。（水野）

3　ヴォルガ－ラフ川とカスピ海　モルドワ（ロシア）

誰も思い出せないほど遠い昔のこと、まったく命のあけぼののころ。そのころ、太陽の国に強い勇士カスピがいた。丈高く、胸と肩は広く、美しかった。髪は黒く豊かに渦巻き、目は鳶色で貫くよう、鉤鼻、浅黒い顔。そして巨大な黒毛の馬に乗っていた。

カスピからほど近く、白い夜の国にもう一人の勇士ラフがいた。ラフもまたカスピよりも高く、美しかった。松のようにすらりとし、白い髪、鼻筋はまっすぐとおり、目は春の晴れ渡った空のように真っ青。ラフの重みにたえられる馬がいないほどにたくましく、それゆえラフは歩きだったし、歩くと大地が揺れた。

隣り合った勇士たちは仲よく暮らしていたが、そこへ一人の娘が近くに住み着いた。同じように美しく、名はヴォルガといった。

カスピは娘を見ると、「私のものだ。あの人と結婚する」といった。

ラフはほほえんだ。「あの人は私の半身だ。あの人と結婚せねばならない」

勇士たちは長いこと争ったが、どうしても話がつかなかった。そこでラフが、

「本人にきこうではないか。どちらと結婚するのか」

そして出かけていった。カスピは馬に乗って先に、ラフが少しあとから歩きで。二人はヴォルガの前に並んで立った。

「光の美のヴォルガよ、誰と結婚するか？」

「強い方の人と。子どもたちがすこやかで強くあるように、強い夫が必要なのです」

二人の勇士は組み合った。大地が震え、天に黒雲が舞い、太陽は石があたらぬよう顔を隠した。カスピは強かった。しかしラフはもっと強かった。ラフがカスピを負かした。ヴォルガはラフと並んで立ち、よりそった。一方、嘆きのカスピは黒毛の馬に飛び乗り、高い太陽の国へと疾走した。

ラフとヴォルガは幸せに暮らしはじめた。最初の年、ヴォルガは双子の娘、カマ川とオカ川を産んだ。続いて息子と娘、娘、息子、となった。強い大イルギス川、ソク川、スーラ川が生まれた。父そっくりの娘が生まれ、「これはサマ（自分自身）ラだ」というのでサマラと名付けた。二人は長い間にそれはたくさんの子を産み、ラフとヴォルガの子孫は四百をこえた。

ところで浅黒いハンサム、カスピは一人ぽっちで暮らしていた。妻も子もなかった。カスピはラフが妬ましくなり、わが運命が自分にほほえまず、ラフを負かせなかったのを呪った。

「これまでの間におれはラフよりももっと強い勇士になった。これなら美しいヴォルガをわがものにする権利がある」

カスピは回りにたくさんの助けを求めた。砂嵐、乾ききった風、炎暑炎熱、すべてがカスピのもとにきた。この軍団をカスピはラフの地上にひきいた。一方ラフも悪しきカスピが自分の大地を干上がらせ、森の木を折るのを手をこまねいて見ていたわけではない。自からカスピを迎え撃った。長いこと勇士たちは一歩もひかず、戦った。しかし、カスピが少しずつ少しずつ後ずさりをはじめ、ついにラフがカスピを巨大な、深い深淵に追いつめた。回りは石の山。もうこれ以上カスピはいきようがない。そこでラフはカスピの胸をさした。と、そこから血ではなく、青緑の水が流れでた。その水は深淵を満たすまでにたまった。風が吹き、大波が走って、カスピは荒れた。この巨大な水の溜まりを人々はカスピの海、カスピ海と呼んだ。海はその祖と似ていた。陰気で厳しく、人嫌い、誰も客とせず、自分からも他の海への道をもたない。

ラフもカスピのあと長くは生きなかった。傷のせいなのか、歳のせいだったのか。ラフの心臓が打つのをやめると、ヴォルガもまた倒れて死んだ。ヴォルガはラフの半身、二人で一つの魂だった。二人の死の知らせがすべての地に飛んでいった。カスピ海から太陽まで、ヴォルガとラフの子、孫、曾孫、子孫たちはみな辛い涙をながし、祖の家へ向かった。その跡には川、小川が流れていった。みなが祖の家についた時、そのあとは大きな川となっていた。川はラフのように強く、ヴォルガのように美しく、ラフとヴォルガの亡がらを抱きしめた。

人々はこの川を喜びをもって眺め、それぞれがおもいおもいに喜びをあらわした。ある人々は川をヴォルガといい、ある人々はラフとよんだ。私らの祖、モルドワ人は今もヴォルガをラフとよぶ。古代ギリシャ人はスキタイ人とサルマト人にはラ川がある、という記録を残している。

（渡辺節子）

4　タマラと巨人の兄弟　イギリス〈イングランド〉

美しい妖精のタマラは洞窟で生まれた。両親は大地の精霊だったが、娘は昼の光を愛した。両親はよく、娘が行きたくてたまらなくなって地上へ出てしまうのを叱り、親の言うことを聞かないとどんなことが起こるかを言い聞かせて注意していた。

荒れ地の巨人たちは恐ろしく、大地の精霊たちは何よりもその巨人たちから娘を守りたいと思っていた。

美しく若く向こうみずなタマラは、折りあるごとに輝く太陽を見ていた。ダートムアの巨人の二人の息子テイヴィーとトーリジは美しい娘を見かけて、自分のものにしたいと思った。二人は長いこと苦労した。奔放な娘は二人をからかい、山や荒れ地を追いかけさせた。

ある日、モアウィンストウの薮で、テイヴィーとトーリジはタマラに出くわした。二人は今日こそ、タマラに、二人のうちどちらが好みか、はっきり言わせることにした。若者たちはおだてたりすかしたりして、タマラを思いつく限りのかわいい呼び方で呼んだ。タマラの両親は娘を見失い、探しまわったあげく、憎い巨人の息子たちにはさまれて娘が座っているのを見つけた。父親はテイヴィーとトーリジの目を深い眠りでおおい、地下の部屋へ戻るように娘に言い聞かせようとした。

タマラは恋人たちのそばを離れようとしなかった。大地の精霊は怒り狂って娘を呪い、その強い呪いで、娘を川に変え、永久に海へ流れるようにした。かわいいタマラは泣きながら溶けていき、きれいな水が流れる澄んだ美しい川となって、海へ流れ始めた。

ようやくテイヴィーが目をさました。タマラはいなくなっていた。テイヴィーは丘に住む父親のところへ急いだ。父親はタマラが川になったことを知っていて、息子の悲しみをやわらげてやろうと、息子を川に変えた。岩の間を走り、沼地を流れ、谷を通り、木立の間をつぶやきながら、テイヴィーは今もタマラを探し続けている。テイヴィーの唯一の楽しみは、タマラのそばを流れ、水を混ぜあわせて、いっしょに永遠の海へ流れていくことだ。

トーリジは長い眠りの後で目覚めた。何が起こったのかを見抜き、丘に住む魔法使いのところへ急いだ。望みどおりにトーリジも川に変えられたが、タマラが通った道を間違えてしまい、それ以来ずっと、悲しみながら、タマラからどんどん遠くへ流れている。

タマー川、テイヴィー川、トー川は、このようにしてできたのだ。

（岩倉）

5　ドニェプルとヴォルガと西ドヴィナ　ロシア

三つの川はかつて人間だった。ドニェプルが兄、ヴォルガとドヴィナが妹だ。三人はみなしごで、ありとあらゆる困難をこうむっていたが、とうとう、この世をめぐっていこう、自分たちが大きな川となってあふれ出ていけるところを探そう、と決めた。三年間歩き、場所を探していって、沼地の中に三人そろって野宿した。でも妹たちは兄より知恵が回った。ドニェプルが寝込んでしまうや、二人はこそっと起き上がり、一番いいところ、なだらかなところを並んで、川となって流れていった。

朝になって兄が目覚めてみると、妹たちはずっと遠いところだ。怒り狂ったドニェプルは大地を打ち、荒々しい流れとなって谷や窪地を疾走して追いかけ、走れば走るほどに怒りがまして、険しい崖をけずっていった。何キロかの間にその怒りもおさまってきて、やがて落ち着いて海の深みへとはいっていった。一方、二人の妹は追跡から逃れ、別々な方へと逃げ散った。だからドニェプルはヴォルガやドヴィナより早く流れて、そしてたくさんの支流や早瀬があるのだ。

（渡辺節子）

6　川の三兄弟　ポルトガル

川の三兄弟テージョ川、グァジアーナ川、ドウロ川は寝る前に「一番早く起きた者が海に行くんだ」と取り決めて床についた。

グァジアーナ川が一番はじめに起きて、美しい場所を選びながら、ゆっくりと流れていった。

その次にテージョ川が起きて、「一番はじめに海に着きたい！」と急いで流れたため、その

川岸はグァジアーナ川ほど美しくなくなってしまった。
最後に起きたのはドウロ川だった。流れる場所を選ぶ余裕などなく、山あいや谷を突き進んだ。だからその川岸はもの寂しく岩だらけなのだ。

（紺野）

7　マヒ川の女神　グジャラート（インド）

グジャラート地方の東部にはサトプラ丘陵という美しい地域がある。マヒ川はこの丘陵に発する川で、その娘だといわれている。マヒ川の流れはグジャラート州の中央を流れ下っている。丘陵はたいてい、川の両親の家として語られる。マヒ川は広く、激しい。その色は黒っぽい。丘陵もまた暗く、ダラーラ、ビール、バライヤ、パタンワディ諸部族にすみかを提供している。これらの部族の人びとは黒い肌をしていることで知られている。だから、マヒ川も黒い肌をした少女だとみなされている。

人々が言うところでは、マヒ川はようやく大人になった時、海と結婚したいと思った。この川はとても力をもち、強い意志を持っていたから、自分の大切な望みを満たすためにどんな努力もおしまなかった。けれどもマヒ川の父であるサトプラ丘陵は娘にそのような結婚をさせようとは思いもしなかった。それどころか、意志の強い娘の気持ちを理解しようとさえしなかった。しかし、マヒ川は自立した女性だった。そこでついに父の家を出てみずからの望みを満たすことにした。まずマヒ川は西に向かって旅し、海にたどり着こうとした。その道は茨や石でいっぱいで、いくつものジャングルを越えなければならなかった。おそろしい虎や豹にも出会った。それでも、マヒ川は海にあこがれた。途中でキャンベイ湾と出会った。湾では満足できず、真の恋人に出会うことを願い、海を夢見た。さらに探索の旅を続け、東グジャラートの岩地を横切って、森林の娘としての力と意志を示した。マヒ川は自分がいつか恋人である海によってあたたかく迎えられ、その腕に抱かれると信じていた。

マヒ川はとうとう海を見出したが、その時には疲れ果てていた。顔は埃で覆われ、奇妙な黒ずんだ姿だった。汗の玉が額から滴りおちた。この色黒の娘を見て、海は顔をそむけた。海は結婚の申し出を拒絶した。マヒ川は、誇り高い女性であったから、怒って恋人の家を出た。グジャラートの埃っぽく、とげだらけの、岩がちな土地をものすごいスピードで再び横切った。この荒涼とした危険な道のりを勇敢にも再び通って、できる限りの速さで、父の家に戻った。マヒ川は悲しみを顔に浮かべて家に入った。これを見て父親は娘を慰めようとしていった。

「小さな子、大切なものよ、そんなにしょげていないでおくれ。おまえの顔を私に見せて、何があったのか話しておくれ、どんなに小さなことでも」

この優しい父の言葉を聞いて、涙がマヒ川の目からこぼれおちた。そのしずくはまるで、明るい朝の丘の綿の葉に落ちた露のようだった。しかしマヒ川は心を押しかくした。娘は父親に、恋人に対する報復の戦いのための軍勢を願っただけだった。父親はなんとか娘の激しい怒りを鎮めようとしたが、できなかった。父親が娘にたずねても、娘はこう答えるだけだった。

「お父さま、もし私を愛してくださっているなら、少なくとも私を心から憐れと思ってくださるなら、あなたの軍勢を私にお貸しください」

とうとう、父親である丘陵は、娘を助けることに決めて、軍勢を娘の思うにまかせた。マヒ川は今度は戦士たちを引きつれ、ジャングルを通って侵攻する軍勢の指揮官として行軍していった。まずインドの中央に位置するマドゥヤ・プラデーシュ州を横切り、ついでグジャラート丘陵に入った。次に、岩がちな広大な地域を抜けて、海に近づいて行った。とうとうマヒ川は叫んだ。

「海の水の主よ、おまえの軍勢を整えなさい！　腕を広げ、私の挑戦を受けなさい」

マヒ川のたくさんの石が今や猛り立っていた。軍勢の動きで起こる喧騒と騒音とが海をおののかせた。一方、マヒ川は、軍勢に自信を持っていた。マヒ川は戦いを待ちきれなかった。しかし驚いたことに、海はすぐに無条件で降伏した。海はマヒ川と結婚し、石の軍勢は、川床に積み重なり、休みについた、永遠に。


（難波）

8　デーヴァク川の起原　インド

二〜三世紀前、イスラームの大王がカシミール地方を支配していた。

ある日、王の娘が激しい頭痛で病の床に伏した。王は国中の医師や占い師を呼び寄せた。

医師たちはなんの役にも立たなかったが、占い師の一人がいった。

「王さま、王女さまは前世では雌ギツネだったのです。猟師が森でその雌ギツネを見かけて、額に矢を射たのです。その矢は今でもその額に残っています。ご覧にいれましょう」

そういって、占い師が奇妙な声を発すると、王女は気を失った。占い師はその鼻から矢を抜き出した。王女は起き上がり、

「お父さま、ヴェールも被っていないのに、どうして私を皆さまの前に連れ出したりなさるのですか？」

といって、後宮へ退いた。

占い師は王を森へ連れて行き、ある場所を長いこと掘ると、額に矢の刺さった雌ギツネの死骸が出てきた。そここそが、現在、人々がガンジス河と同じように、聖なる川として崇めるデーヴァク川の源なのである。

王はその占い師にほうびとして莫大な黄金や宝石を与えた。


（前田）

9　悪魔の最後の望み　インド

ジャンムの北六十六マイルにチャナイニというところがあり、そこから丘を登ると、シュッダ・マハーデーヴァ寺に至る。これは非常に古く神聖な寺で、その昔、パールヴァティー女神がシヴァ

神と結婚しようとして苦行を行ったところである。シヴァ神はまさにこの場所で女神と結婚した。

ある時、シュッダーンタという悪魔がこの地を占拠して支配し、誰も中に入らせなかった。ある日、大仙人のカーシュヤパがそこを訪れ、その地の美しさに魅了されて、そこで祭祀を執りおこなおうとしたが、悪魔は許さなかった。カーシュヤパは悪魔の邪魔を告げさせに、二人の使者をシヴァ神の世界に送った。二人はそこで女神に会った。女神は悪魔のことを聞いて激怒し、自分の父の故郷であるチャナイニに下ってきて、悪魔に仙人の邪魔をしないようにと告げたが、悪魔は聞き入れなかった。女神は悪魔を殺そうとしたがうまくいかなかった。というのも、悪魔は、シヴァ神以外には誰も自分を殺せないと、シヴァ神に約束させていたからである。

女神が悪魔を殺そうとして失敗したことを知り、シヴァ神は地上に降りてきて、槍で悪魔を刺し殺し、悪魔に最後の望みをいえば叶えてやろうと告げた。悪魔は、この場所から聖なるガンジス河のような神聖な川を流してほしいと願い、シヴァ神は喜んで同意した。そして直ちにデーヴァク川が山から流れ出た。その場所は悪魔シュッダーンタとマハーデーヴァ（シヴァ神の別名）にちなんで、現在、シュッダ・マハーデーヴァという名前で知られている。

（前田）

10　セヴァン湖　アルメニア

セヴァン湖の地はかつて陸地で、花咲く野原、実り豊かな耕地、緑の森におおわれていた。このよき地の真ん中に村があった。村のそば、丘のふもとに豊かな、たっぷりの水の泉があった。ここから水をとるときには、農民はその隙間にある大きな栓をぬき、あとはまた慎重にその場に栓をした。

ところがある夜、不幸がおきた……。村の若い嫁が泉にきて、水差しに水をみたすと、栓をするのを忘れ、そのまま帰ってしまったのだ。水はあふれ、あたり中をみたし、人々は水につかってしまった土地を捨てた。そして声をそろえて言った。

「こんなことをしたやつは石になってしまえ！」

栓を忘れた若い嫁はそのまま石になり、すべての陸地をみたした水はセヴァン湖となって、その表面に石になった嫁の頭がちらっと見えている。

（渡辺節子）

11　オーウェンの石の湖　イギリス〈ウェールズ〉

カーマーザンシャ州のマニズ・マウルに住んでいたある男が、魔法の井戸を持っていた。男は井戸の上に大きな平たい石をのせていて、自分が水を飲んだり、動物に飲ませたりした後は、必ず井戸のふたをするように気をつけていた。

ある夏の夜、オーウェン・グランドゥルが、古い南ウェールズ王国のこの井戸の近くを通った。オーウェンも馬も疲れはてていた。偶然この井戸を見つけ、ふたをしている石をどかして、こんこんと湧き出す泉からたっぷり水を飲み、馬にも飲ませてやった。それから井戸にふたをせずに進んでいき、その晩は近くの農場に泊まった。

夜中にオーウェンは流れる水の音で目を覚まし、外を見ると、白い羊が点々と散らばる緑の草原が広がっていたところは、暗い湖になっていた。馬に鞍をおき、あふれた水のまわりをまわった。そして、水のまわりを馬が通ったところで、水はそれ以上あふれるのを止めた。これが、スリン・スレフ・オーウェン、オーウェンの石の湖の起源である。

（岩倉）

12　母を振りかえった淵　プイ（中国）

清水江[注1]の上流に、長い淵がある。望娘潭[注2]と呼ばれ、七個の小さな淵がつながってできている。どの淵も百尺（約三十三メートル）の深さで、たくさんの渦がうずまいている。もともと淵のなかったところに望娘潭ができたといわれており、このような言い伝えが残っている。

むかしむかしのこと、今の望娘潭から遠くない場所に、一軒のとても貧しい農家が住んでいた。父親を亡くし、残された母親と息子には、田も畑もない。親子は毎日傾斜地に行き、馬草を刈ってはそれを売って暮らしていた。春と夏の季節は、野にも山にも緑したたる青草が育ち、毎日ひと担ぎ分ずつ刈るのは難しくない。けれども寒い冬の旧暦十二月ともなれば、草木は枯れはてて、充分な量の馬草が刈れなくなる。一日かけても、ひと担ぎもの馬草は見つけられない。

ある日の朝、親子二人でかごを担いで刈る草を探していると、思いがけず見つかった。のちに望娘潭となる場所に近い大きな坂の下に、さほど深くない池があり、池の真ん中にひとかたまりのつやつやした青草が生えていたのだ。二人はうれしくなって、ものもいわずに衣服をからげ、ズボンの裾を巻くと、池に分け入り、ざくざくと草を刈りはじめた。刈りおわると、草はすこしも多くなく、すこしも少なくなく、ちょうどふた担ぎ分になった。

次の日、親子はまたそこに行って草を刈った。不思議なことに、昨日草を刈った場所には、今日もまたつやつやしたひとかたまりの青草が育ちきっていた。池に分け入って刈り、結果、多くもなく少なくもなく、ふた担ぎ分になった。以後毎日がそうだった。それからというもの、親子は日々そこで草を刈って売り、生活の憂いから抜けだすことができた。

ある日、息子が母親にいった。

「かあさん、もう氷が張る季節です。やわらかい草を探すのは難しい。草を少しだけ低いところまで刈るようにしたらどうでしょう。それだけ目方が増えますから、いくらかでも高く売れます」

母親はその通りだと思った。刈っているうちに、突然、草の根の下から、一粒の真っ赤なものが、四方に光の筋を放っているのを見つけた。見ると、宝珠である。親子は宝珠を大切に捧げるようにして、家に持ち帰った。貧しい家にはしまっておくような戸棚はない。米を入れるかめにいれておくしかなかった。するとおかしなことが起こった。前の日にどれだけの米を使おうと、次の日には、かめいっぱいに米がわき出しているのだ。今度は、馬草を売って得たいくらかのお金を米のかめにいれておくと、前の日にどれだけ使おうと、次の日にはもとにもどっている。ひとつも多くなく、ひとつも少なくなくだ。このときから親子ふたりは、衣食に困ることなく、豊かに日々を過ごした。

そうこうするうちに、この珍しい出来事が、ワンバオに知られてしまった。ワンバオは、ふもとの集落の大地主で、金も力もあり、だれも逆らうことができない。ある日、ワンバオ自ら家僕を率いて訪ねてくると、憎々しげにいった。

「おまえたち、池の草を刈ったときに、わしが落とした宝珠を拾っただろ。早いとこ返せ。さもないとただじゃおかないぜ」

見るからに嘘をついて取りあげようとしているのが分かったから、親子はもちろん断固として従わなかった。ワンバオは横暴な性格。あきらめるわけがない。すぐに家僕を家に押し入らせ、ものを奪いはじめた。親子はやきもきしていたが、息子は手が動くにまかせて宝珠を口に押し込み、ひと息に呑み込んでしまった。

呑むとすぐに高い熱が出た。熱で唇がひび割れ、全身が焼けつくように熱い。地主と家僕は都合が悪くなったのを見てとると、こそこそと逃げ出した。息子は熱の勢いがますますひどくなり、ただ大声で水が呑みたいとせがむばかりだった。はじめ母親は、碗やふくべのしゃくしで水をすくって呑ませていたが、碗やしゃくしをまだ放さないうちから、まだ水が呑みたいと叫ぶ。母親は、すぐにお盆に桶にと、水を入れて呑ませたが、それでも渇きからは救えなかった。

「かあさん。のどが渇いてたまらない。いっそのこと清水江まで連れてってください。たっぷり呑みたいのです」

　母はいうとおりにするしかなかった。

　河辺まで連れて行くと、息子はまたいった。

「足を岸辺に向ければ、頭を河の中にのばして水が呑めます。しっかりぼくの足をつかんでいてください。離さないように。そうしないと、河に滑りおちてしまいますから」

　母親は息子のいうとおり、しっかり足をつかんだ。息子は頭を河の中までのばすと、流れてきた水をがぶがぶ猛烈な勢いで呑んだ。とうとう逆巻いていた河の水は、だんだん少なくなっていく。あとひとしきり呑んだら、水が途絶えてしまう。母親がそれを見て、あわてて手をゆるめると、息子の体は河の中に落ちてしまった。

　たちまち、あたりがかきくもり、稲妻と雷鳴。盆をひっくり返したような大雨が降り、水かさが一気に増した……このとき河に滑り落ちた息子は、体をゆさぶると一匹の巨大な龍に変わった。ゆるりゆるりと流れに従って下り、隠れたと思えばまた現れる。母が呼ぶと、息子が見る。母親がひと声呼んで、息子が振りかえって母を見ると、河面のその部分が、すぐに深い淵に変わった。母親が続けて呼んだのが七回、息子が続けて振りかえったのも七回。すぐさま河面には全部で七つの深い淵が現れ、そしてきっちりとつながってひとつになった……。このときから清水江には、望娘潭という話が残っている。

注1　中国南部、貴州省の中部から東部を流れる川。
2　「望娘潭」の「娘」は母親の意。

（藤沢）

13　甘い水の井戸　漢（中国）

伝えられるところによれば、劉伯温《リュウボウエン》（明朝の軍師）が北京の街を建設したそうだ。しかしながら、北京の水は苦く、ただ西山の泉の水だけは甘くおいしかった。宮廷に住む皇帝、妃、貴族はみな苦い水を飲まず、人に命じてラクダで西山の水を運ばせた。他にも何人かの人たちは西山から水を運び、街で売った。お金持ちはその水を買って飲んだが、庶民はこの甘い水を飲むことはかなわず、ただ苦い水を飲むしかなかった。

かつて北京にはいたるところに茶店があった。その中には、子どものいない老夫婦が開く茶店もあった。二人とも人情に厚く、とても親切だったのでこの小さな茶店の常連客は少なくなかった。とはいえ、さほどの儲けがあるわけでもなく、何とか暮らしが立つだけだった。

ある日、一人の白い髭をはやした老人が茶店にやってきた。店に入るなり急須一杯のお茶を頼み、茶碗に注いで冷ました。懐から大変凝った作りのキリギリスのカゴを取り出した。そのカゴときたらまるで小さなひょうたんのように、表面はつやつやと光り、蓋には模様まで彫ってあった。白い髭の老人はカゴの蓋を開けるとキリギリスを出してやった。キリギリスはすぐに飛び出たが、青々とした姿はとてもきれいだった。このいかにも元気そうなキリギリスは茶碗のところに行くとひと飛びで上り、茶碗の縁から頭を下げてお茶を飲んだ。

　この白い髭の老人がキリギリスのカゴを取り出したとき、周囲の人々はみなそれを見ていた。このカゴが特別に精巧に作られているのを見て、そしてその中から飛び出してきたキリギリスがいかにも元気そうなのを見て、みなおしゃべりをやめて回りに集まって見に来た。茶碗に跳び上がってお茶を飲んでいるのをみて、みなとてもおもしろく思ったが、この老人が朝早く茶店にやって来て自分は飲まずに、まずキリギリスに飲ませたのが不思議だった。

　店の主人の老夫婦も不思議に思い、もっと見ようと近寄ってきた。白髭の老人は得意そうに髭をしごいた。しごきながら笑ったがひと言も口を開かなかった。茶店の主人は老人に尋ねた。

「お客さま、どうしてキリギリスにお茶を飲ませたのですか？」

　白髭の老人は髭をしごきながらほほ笑んでいった。

「私がここに来たのには別に他意はありません。あなた方お二人のために来たのです。このように年を取られて働いてお金を稼ぐのは簡単ではありますまい。こんなによい茶葉を多く入れても苦い水ではうまいわけがない。もしあなたの裏庭にある井戸の水が甘い水に変わったら、それはよいことでしょうなぁ」

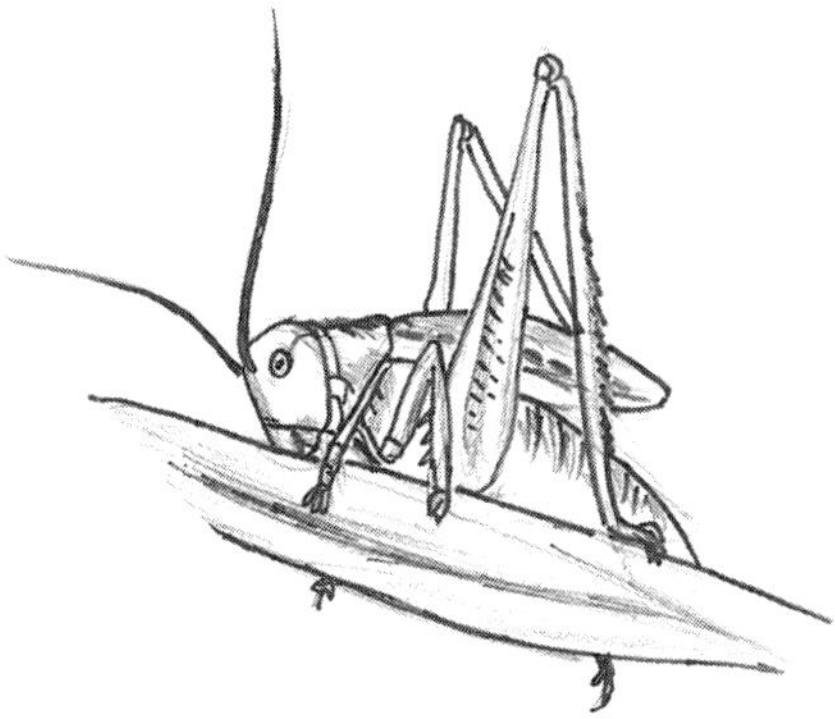

茶店の主人はいった。

「そりゃぁそうですとも。もしも甘い水の出る井戸だったら、わたしら二人の晩年も幸せでしょうよ」

白髭の老人はいった。

「心配はご無用じゃ。このキリギリスが飲んで余った茶を棄ててはいけませんよ。お二人はこれをこぼさぬよう持って裏庭の井戸に行き、これをお入れなさい。さぁ試してごらんなさい」

老夫婦は半信半疑だった。

「キリギリスが飲んで余ったお茶を井戸に入れると甘い水に変わるって？」

また一方でこうも思った。

「このお茶は別に毒薬じゃない。一杯の茶碗のお茶を井戸に入れたところで関係なかろう。それなら試しに入れてみようか」

そこで店主はこの茶碗を裏庭に持って行き、井戸に茶を入れた。そして水桶で水を汲んだ。ひと飲みすると、なんとも甘くて、冷たいおいしい水だった。老主人は嬉しくてたまらず、小さな桶を下げて小走りで茶店に戻り、叫んだ。

「お客さま、みなさま、この水は本当に甘く変わりました」

みんなはそれまで飲んでいたお茶を全部地面にまくと、われさきにとその甘い水を飲んだ。大騒ぎの中、あの白髭の老人のことなどすっかり忘れていた。みんなが甘い水を飲み終えると白髭の老人にお礼を言おうと思ったが、この老人とキリギリスの姿はもう見えなかった。

この噂が広まると、大勢の人が次から次へとこの茶店に来て、甘い水で入れた茶を味わった。以来この茶店は大いに栄えた。というのも他の茶店の水はみな苦い水だったからだ。こうしてだれ言うことなく、ここを甘い水の井戸と呼んだ。


（三倉）

14 甘い水　苦い水　漢（中国）

ピングー県の東四十里（二十キロ）のところにポッンと山がある。名前をマオ山という。山の上には草が茂り、山腹には二つの清らかな泉がある。泉の間は一丈（三、三メートル）ちょっと離れ、底が見えるほど澄んでいるが、ひと口飲めば、片方は甘く、もう片方は苦い水だということがわかる。

この泉にはこんな話が伝わっている。ずっと以前、マオ山の麓に二人の兄弟が住んでいた。兄は賢く、弟はバカ正直だった。兄は結婚すると夫婦で考えをめぐらし、弟と分家した。三間ある瓦屋根の家は兄がほしがり、弟は二間の草葺きの家に住んだ。山の下の方にある肥えた畑は兄がほしがり、弟は山腹の痩せた土地をもらった。兄夫婦は日増しに暮らしぶりがよくなり、弟は日増しに貧しくなった。山の斜面の土地からは何斗かの食料が取れたが、何か月もたたないうちに食べ尽くした。弟は仕方なく山に薪取りに行き、市の立つ日に担いで行っては食べ物と取り換えた。

十二月のある日、弟は吹雪の中を山頂まで薪を取りに行った。薪を二束作ると家に帰ろうと身体を起こした。と、突然傍らに一匹の凍えそうになっている小さな蛇を見つけた。弟はひどくかわいそうに思い、蛇をそっと懐の中にしまった。

「家に帰ってオンドルの上で温めればもしかしたら生き返るかもしれない」

帰り道、弟はだれかの声を聞いた。

「止まってくれ。私の命の恩人、どうか顔を見せてくれ」

前後左右を見回したがだれもいない。ああ、なんと懐にいる小さな蛇が話しているのだ。

「大恩人、どうか私を放してくれ。そうすれば必ず恩に報いよう」

弟は懐の中から蛇をだすと、蛇が息を吹き返したのを見てとても喜んだ。小蛇がひっきりなしに頭を下げると身体の金色の模様がピカピカと光った。弟は突然思い出した。町に薪を売りに行ったとき、皇帝の告示板を見たのだった。それには〈太子が病気になった。白地に金の模様の蛇で作った薬酒だけが病気に効く。誰であれ、その蛇を献上した者には金一千両を与えよう〉と書かれていた。

蛇を注意深く見てみると、果たして白地に金の模様があった。もしかして太子の病気を治すという蛇ではないだろうか。もし献上したら、もう二度と貧乏に苦しめられなくてすむ……。

白い蛇は弟の心が読めるようだ。弟に頼み続けた。

「心優しき人よ、どうか私を放してくれ。私は絶対恩を忘れない」

弟はとてもかわいそうになり、薪を下ろすと腰を曲げ、注意深く蛇を地面に下ろした。弟は何度も注意した。

「ほら、行きな。気をつけろよ。吹雪で凍えないようにしろよ」

小さな蛇は弟に何度も頭を下げ、前を向いて尾を揺らしながら見えなくなった。

家に帰ると兄嫁はこのできごとを聞き、怒りまくった。「この大間抜け」「大馬鹿やろう」「穀潰し！」兄嫁は地団駄を踏んで大声をあげ、弟の帰ってきた道を夫にでかけさせた。蛇を捜すためだ。兄は吹雪の中、三日間捜したが蛇の影さえ見ることができなかった。

次の年の春、大旱魃が起きた。山の上の石はみなやけどしそうなほどに焼けこげ、草木の芽はでるどころではなかった。弟は種をまくこともできず山頂に座って困り果てていた。突然知っている声が聞こえた。

「大恩人、ご心配にはおよびません」

弟は驚いたが気を落ち着けて見た。目の前には白い着物に白い帽子をかぶった小さな人がいた。弟に向かって笑いかけ、頭を何度も下げた。

「私は昨年の冬助けていただいた小さな蛇です。ほらあの山腹の黒い石の辺り。あそこを掘ればきれいな泉が出てきます」と、山の中ほどを指さしていった。

そういい終わると小さな蛇は見えなくなった。

弟が蛇の指さした山腹を掘るときれいな泉がでた。泉の水は流れずあふれず、そしてどんなにくんでも干上がらず、使い切ることはなかった。弟は畑を作ることができた。兄夫婦もやって来て天秤棒で水を運んだ。しかし兄の畑は山の下の方にあり、水場からひどく離れている。一日中水をまくと二人はへたばってしまった。このときも兄嫁が悪知恵を働かせた。夜、兄が山腹まで来ると弟の泉の下のあたりに一つの穴を掘った。水はすぐに穴に湧きでてきて、渓谷にそって兄の畑に流れでた。次の日弟が山に登ってみると自分の泉には一滴も水がなくなっていた。弟は兄の泉から天秤棒で水を運ぼうとしたが、兄嫁はどうしてもそれを許さず、憎々しげにいった。

「この穀潰し。おまえの泉が涸れて、私らのを使おうったってそうはさせないよ」

兄の畑の作物は緑したたりぐんぐんのびていった。ところが弟の畑は苗がすでに枯れかかっている。仕方なく山の頂上で天を仰いでいた。小さな白い蛇がまたしてもやってきて、笑いながらいった。

「帰ってごらんなさい、大恩人。明日あなたの泉には水が入っているでしょう」

次の日、果たして弟の泉は満々と水をたたえていた。前と同じように流れないし、あふれない。兄の泉にも水はあったが、しかし二度と外に流れでることはなかった。二人はそれぞれ自分の水を作物にまいた。弟の作物はどんどん大きくなって、秋にはたくさん収穫できた。兄夫婦の作物はどんどんやせ細り、秋には不作を迎えた。というのも弟の泉の水は甘く、兄の泉の水は苦いからだ。

なぜこんなことになったのかって？　かつて見た人がいるそうだ。一匹の白い小さな蛇が弟の泉には水をはき、兄の泉ではおしっこをしていたんだって。

（三倉）

15　海の底で塩をひく臼　デンマーク

ある貧しい男が、金持ちの男のところにやってきて、クリスマス・イヴに食べるベーコンを分けてくれないかと頼んだ。金持ちは貧しい男になにもやろうとしなかったが、男があまりにしつこくせがむので、ついに一片のベーコンを投げつけていった。「これを持って地獄へ行っちまえ！」貧しい男は肉をつかむと、すぐに地獄をめざして歩いて行った。森の中で男は樵にであった。樵は地獄への道を知っていた。道をおしえてもらい、男は地獄にたどり着いた。

地獄の者どもは、ベーコンを見ると狂喜した。ベーコンの代わりに、男は望むものはなんでもひき出す臼をもらった。「ひけ、小さな臼よ、ひけ！」といえば、臼はひきはじめる。「止まれ、臼」といえば、臼はひくのをやめるのだ。

貧しい男は臼を持って家に戻り、いった。「家をひけ、小さな臼よ！」するとたちまち臼はまわりはじめ、みごとな屋敷があらわれた。屋敷が完全にできあがるまで、男は「止まれ、臼」とはいわなかった。しかしついに男は「止まれ、臼！」といった。屋敷が完成したと思ったからだ。それから男は、少し金があっても悪くはないと考え、またいった。「金をひけ、小さな臼よ！」すると臼がまわりはじめ、すぐに箱も戸棚も金でいっぱいになった。男は金が十分出たとみると、「止まれ、臼」といった。男は、臼のように、じっとそこに立っていた。

この臼の話は金持ちの男の知るところとなった。金持ちはどうしてもその臼を手に入れたいと思った。そこでかつては貧しかった男に、数千ターラーで臼を譲ってほしいと申しでて、臼を手に入れた。使用人がたくさんいたので、金持ちはその食事を臼にひかせることにした。金持ちは臼に向かっていった。「ひけ、小さな臼よ、粥をひけ！」

するとは臼は粥をひきはじめ、床は粥だらけになった。しかし金持ちがおそわったのは、臼の動かし方だけだった。止め方をおそわってはいなかったのだ。だから臼はまわり続け、家が粥で埋まった。粥は家のそとまであふれ、人々のいるところまで流れていった。それでも臼は止まらず、ひきつづけるばかりだった。ついに金持ちは大いそぎで、臼を買った男に遣いをだすことにした。金持ちは買ったときと同じ額で臼をひきとってもらわねばならなかったが、それでも臼を手放すことができて喜んだ。

それからまもなく、ひとりの船乗りがやってきて、あの金持ちが支払った倍の金額で臼を譲ってほしいといった。船乗りはきっと、商人たちから臼の話を聞いたのだろう。臼を買いとるとそれを

持って船に乗り込み、出港した。しばらくすると船では塩が足りなくなった。そこで船乗りはいった。「ひけ、小さな臼よ、塩をひけ！」臼はすぐにあり余るほどの塩をひいた。しかし臼の止め方をきくのを忘れたので、止めようとしても止まらない。臼は塩をひき続けた。とうとう船は塩でいっぱいになり、塩もろとも海の底に沈んだ。今でも臼は海の底で塩をひき続けている。（山崎）

16　引き潮とワタリガラス　シムシャン（アメリカ）

昔の人々は、潮の満ち引きはなかったといっていた。海面はいつも高かったので、貝や海草、ほかの食べものが水の中にかくされていて、人々は空腹な時が多かった。

これではいけないと考えたワタリガラスは、黒い大きな翼を拡げて海岸を飛び、潮を追っかけて、潮流を思うがままにしている老婆の家をつきとめた。潮の満ち引きは老婆の言いなりだったのだ。ワタリガラスが家の中に入ると老婆はドンと座り、潮をあやつる道具を握りしめていた。それを手放さない限り潮は引かないのだ。ワタリガラスは向かいあって座りこんだ。

「ハマグリは実にうまい」というと、老婆は「ハマグリって何だ？」と聞いたがワタリガラスはそれには応えず、「ハマグリを集めるなんて簡単だから好きなだけ腹いっぱい食っている」と腹をたたいてみせた。

「そうはさせん」老婆は外を見ようとした。ワタリガラスが入り口をふさいで押し返した拍子に老婆は倒れてほこりが眼に入り、見えなくなってしまった。そして潮道具が手から落ちた拍子に潮が動いて、ハマグリやカニやいろんな海の食べものがどっと流れ出た。海岸の人々は食べものが自由に手に入るようになり、ワタリガラスに感謝した。

ワタリガラスがもどると「私の目を治しておくれ」と老婆は頼んだ。

「治してやるよ、潮を日に二度開けてくれればね。人びとは長い間食べものを待ちこがれていたんだ」

「そうするよ」老婆は約束し、ワタリガラスは目を洗って目がみえるようにしてやった。

それ以来、老婆は潮を毎日二度ずつ行ったり来たりさせるようになった。

（新開）

17　モーペスの潮　イギリス〈イングランド〉

マイケル・スコット（注一）は、海賊がスコットランドの船を襲わないようにフランス王に約束させ、栄光と名声につつまれてスコットランドに帰ってきた。誰もがマイケル・スコットの名を口にし、スコットがモーペスにやって来たときには、人々が群れをなして会いにきた。

「スコットはすばらしい魔法使いだ。たった一度だけ、魔法がもう少しで失敗しそうになったことがあったそうだ」とモーペスの一人がいった。

「それはどんなことだったんだ」と、他の人たちは叫んだ。マイケルのことはさかんに話題になっていたので、どんな小さなうわさ話でも、みんな熱心に聞きたがったのだ。

「昔のことさ。マイケルが悪さをする悪霊になやまされて、そいつにやらせる仕事を見つけなきゃならなかったときのことだ。最初、マイケルは、ケルソーでツイード川にダムを造るように命令した。ところがそれは一晩でできあがった。それで、次にエイルドン丘を三つに割るように命令したんだが、悪霊はそれも一晩でやりとげた。すごく力が強い悪霊だったから、マイケルはやらせる仕事が思いつかなくなりそうだった。でも最後にはそいつを打ち負かしたんだ」

「どうやったんだ。教えてくれよ」

「世界中の海の砂でロープを作るように命令したのさ。悪霊は今もがんばっているけど、一インチだってできあがってはいないんだ」

「なあ、みんな。このすばらしい人に、何かおれたちの役に立つことを頼めないだろうか。おれたちの町モーペスは、立派な建物がたくさんあって、豊かなすばらしい町だ。だけど、足りないものがある」と別の男がいった。

「まったくだ。おれはニューカッスル[注2]の人たちがずっとうらやましかった。あの町では潮が町のまんなかまであがってくるから、船が乗り入れて戸口で荷物を陸揚げできる。このすばらしい魔法使いは、おれたちの町にも潮があがってくるようにできないだろうか」と三人目がいった。

「頼んでみよう」と全員がいって、桟橋に船がならび、船乗りが波止場にすわっているすてきな光景を思い描いて走っていった。

マイケル・スコットは丁重に町の人たちを迎えた。

「難しい頼みだな。だが、みなさんのもてなしに感謝して、モーペスまで潮があがってくるように、やってみよう。まず、町で一番速く走れる者を選んで連れてきなさい」

人々は一番速く走れる男を選んだ。立ち止まったりスピードを落としたりすることなく、何マイルも猟犬のように走れる若い男だ。

「さて、君は海岸の、ワンズベック川が海にそそぐところまで行きなさい。そして、潮が満ちたときに走り始めなさい。そうすれば潮はモーペスまで君のあとをついてくる。だが一つ守らなければならないことがある。何があっても振り返ってはならないぞ。もし振り返ったら、潮は引いて、二度とついてこないだろう」

男は家へ帰り、翌日、潮が満ちてくるころにはワンズベック川の河口に来ていた。水が一番高くなったとき、男は走りだした。楽しく走るのを期待していたのだが、走りだしてまもなく不安でいっぱいになった。潮は野獣のようにうなりをあげて後ろをついてきていた。それは足元でしぶきをあげてごうごうと音をたて、今にも追いついて男を飲み込んでしまいそうだった。そして、空もたくさんの奇妙な叫び声で満ちていた。それは水の精や海の妖精たちの叫びで、海が内陸に流れるのをいやがって、マイケルの魔法に対抗して叫んでいるのだった。

男は恐ろしさのあまり、このさきまだ十マイルもあるのを忘れ、恐ろしい物音を引き離したい一心でスピードを上げ始めた。だが、どんなに速く走っても、水はぴったり後ろについてきた。水しぶきが足の後ろにかかり、海の精たちが海から遠く引き離されるほど、叫び声は大きくすさまじくなっていった。若者は息切れしはじめ、左の脇腹が痛みだした。だが、あたりの物音を耳に入れないようにして、後ろでどんな奇怪なことが起こっているのか、振り返って見てみたいという気持ちを抑えて、けんめいに走り続けた。

若者は走りに走り、ボサルの村を通り過ぎて、もう少しでモーペスが見えるところまでやってきた。だが、まるで闇夜にさみしい道を歩いていて後ろに足音が聞こえるような気分だった。走るのに疲れ、振り返ってみたいという誘惑があまりに大きかったので、ついに、肩越しにちらりとすばやく後ろを見ずにはいられなかった。

だが、それだけでも魔法を解いてしまうのに十分だった。海の精の叫び声は笑いと喜びの声に変わり、水は海へと引いていった。またたく間にすべてはなくなり、モーペスの人々は永遠に潮を失ってしまった。

注1　スコットランドの学者・占星術師。一一七五〜一二三四。
2　タイン川沿いの都市。海までの距離はモーペスと同じくらいだが、タイン川のほうがワンズベック川より大きい。

＊原書では前半にマイケル・スコットのフランスでのエピソードがあるが、水に関係する後半部分のみを訳した。（岩倉）

18　ヴェトルガ川　ロシア

これは遠い遠い昔のこと。森の静かな川べり、今のヴェトルガ市のそばに大きなタタール村があった。そこには、その遠い昔にはタタール人もロシア人も暮らしていて、村をおさめていたのはタタール人の公だった。

この村のはずれの一軒家に父親とルガという娘が暮らしていた。ロシアの村中、隣り合う村々にもルガよりきれいでかわいい娘はいなかった。

ある時、ルガは川へ水汲みにいってタタールの公と出会った。公は娘に気付くとトビの目で見た。ルガは気分がよかったのか、それともなにかあったのか、公にほほえんだ。そこで公はすぐさま娘が気に入り、妻にしたくなってしまった。

ルガにはもうとっくに好きなロシアの若者がいたから、公が仲人をよこした時、父親は断った。ルガの愛を知っていたし、森でも畑でもよく働くだけでなく、笛も上手な若者との結婚に反対していなかったからだ。

ルガの断りをきいても公は自分のもくろみを捨てなかった。恐ろしいタタール汗に逆らえるような時代ではなかったのだ。娘がいくら逆らっても公は婿の座からおりなかった。そして婚礼の日が決められた。定めの日、公の家には楽士たちが呼ばれたが、その中にはルガの恋人もいた。この時の恋人ほど悲しそうな若者はみたことがなかった。その熱い頭の中を暗い想いがおしつぶしていた。

ルガもそれ以上だった。長い夜を泣きあかし、いまや撃ち落とされた鳩のように公と並び、なにごとかじっと考え込んでいた。

婚礼の宴はつつがなくすすんでいった。楽士たちは陽気に楽器をならし、酔った客達は大声でしゃべり、踊っていた。公は花嫁から目を離さなかった。しきりに異国のワインをすすめ、高価な品、婚礼の贈り物をみせたが、娘はすべて断り、だまりつづけていた。

どうしてもうまくいかないもので、公は花嫁をなんとか楽しくさせようと踊りに誘った。すると驚いたことに、目に涙しながらも娘は無理にほほえんで軽く会釈、承知したのだ。幸せに有頂天になった公はルガをホールの真ん中に連れ出し、腰にしっかり手をやって踊り始めた。しかしすぐにルガはあきたようだった。これに気付くと公は機嫌をとるように耳元に
「なにか望みはあるか？」

「舟遊びを。音楽つきで」

「その望みはただちにかなうぞ！」

公は言い切った。そして一時間もしないうち、新郎新婦は客や楽士とともに舟に乗り、岸を離れた。舟は川を、高い、きりたった崖、緑の枝の茂ったヴェトルィ（セイヨウシロヤナギ）がいちめんのところへむかっていった。木々の細い枝は低く、深いところで熱湯の釜の中のように渦巻いている水にたれていた。ルガは妙にはしゃいでいた。いきいきと公と話し、客と冗談をいい、歌い、舟の行き先を指図した。なんの疑いももたず、公はきわめて満足し、不幸が近づくのに気付いていな

かった。でも不幸はすぐそこにいたのだ。

舟が一番深いところまでくるとルガはさっと立ち上がり、恋人に飛びついた。笛をすて、恋人もルガに飛びつき、二人は一瞬、しっかりと抱き合うと、まるで話がついていたみたいに荒れる渦に飛び込んだ。あっというまに青い水は二人をタタールの公とその客たちから永久に隠した……。そのはるかな時から川はヴェトルガという名になった。

……美女ルガは古い枝の下の柔らかな揺りかごにやすらかに眠っている。あたりは静かで平穏、青く、鏡のように輝き、あの頃の深い淵さえ沸き立つのをやめているし、セミョノヴォ（土地の名）でのけずった受け皿みたいのが「危ないとこ」を示しているだけだ。

それでもルガはいきなり憎いタタール公を思い出す。思い出すや、はっと身震いする。そうするとその心臓がドクドクと打ち始め、熱い血がたぎりだす。ルガはこわばった手を振りまわし、荒れる淵から見渡す限りの川沿いの草原におさえきれぬ水をあふれさす。流れ出て、勇士のごとく、冬の眠りにあった沈黙の川がロシアの大地に広がっていく、海のように荒れ狂う波が砕ける……。でも恋人の優しさが、強く熱い抱擁が美女ルガを落ち着かせ、いつもの様子に戻す。そしてヴェトルガはしずまり、ゆっくりともどっていって、子どもでも泳いで渡れるほどに優しくなるのだ。

（渡辺節子）

19　アゾフ海　ウクライナ

人々のいうところでは、遠い、いつの頃のことか、私らの海辺のきわに娘アザがいて、老いた父親と暮らしていた。アザは美しく、若者なら誰も目が離せないほどだった。だがアザは誰にも目を向けなかった、なんでもおそろしく高慢だったからだとか。

ある時、あたり周辺に住む若者たちがそろってアザのところへやってきて、おれたちのうち、誰か一人を選んでくれ、といった。美女は若者たちを見、考えに考えて、答えた。

「闘いをしてください。仲間のすべてを倒した人が私の夫となるでしょう」

若者たちは闘いをはじめた。一人が闘いの勝者となったが、アザはその勝者を断り、おまけに嘲りだしたのだ。若者たちはかっとなり、傲慢な娘を海に沈めてしまった。

以来、岸辺に波がよせると、波間から呻き声とも泣き声ともつかぬものが伝わってくる。昔の人たちは、あれは沈められた美女アザが出会う事のなかった恋人を思って泣いているのだ、という。アザからアゾフになったとか……。

（渡辺節子）

20　愛しい人の贈り物　ウクライナ

昔の人たちの言うところでは、遠い遠いむかし、この海辺の村にとてもきれいな娘が暮らしていた。娘はアザといった。アザはとてもとてもハンサムな若者を愛していた。ところが動乱の時期となり、アザの愛する人はトルコとの戦に出ていった。戦争に出て行く前に金の指輪を渡した、待っていてくれ、忘れないでいてくれ、と。

「もしこの指輪をなくしたら、君の不実のあかしだ」

何年かが過ぎた。アザは贈り物をわが瞳のように大切にして、ずっと若者の帰りを待っていたが、若者は戻ってこなかった。

ところがある時、不幸なできごとがおきた。娘が海へ洗い物をしにいき、物思いに沈んでいて、指輪をするっと海に落としてしまったのだ。そこへいきなり波がきて、水を濁らせて——そして贈り物は消えてしまった。哀れなアザはあっ、大事な贈り物、と取り戻そうとして波に飛び込んだが、溺れてしまった。

以来、海はアゾフ——不幸な娘、愛しい人の帰りを待つことのできなかった娘の名で呼ばれるようになった。

（渡辺節子）

21　馬川　ウクライナ

コサックたちがトルコ人をわしらの土地から追い払った時、馬が小エカテリノフカが流れているところまできた。ここの、広い谷で、川べりで恐ろしい戦いがあった。ザポロージェの男達は川に血の流れが流れ込んで赤く染まるほどに敵を倒した。左岸まで渡りきり、ステップ（草原）に消えることができたのはほんのわずかな部隊だった。わしら、逃げるやつらを追いかけようとしたが、馬どもが走らない、赤い水におびえてしまったのだ。コサックたちがいくら向こう岸へいこうとしてもどうにもならなかった。そこで頭目がいった。

「そんなら、……この川を回教徒との境とするか。でもわしらが決めたんじゃない、馬がいうことをきかんからだ。わしらはまたステップでもっと敵を見つけるし、いつかやつらをここから追っ払ってやるからな」

以来、川はコンスカヤ（馬の）とよばれた。実際に川はかってウクライナとトルコの境だったのだ。

（渡辺節子）

コラム　ポルトガルの水の俗信

カトリック教徒が圧倒的多数を占めるポルトガルには、聖人にまつわる俗信が多く、その中には水に関するものもたくさんある。

毎年六月二十四日は夏至祭（サン・ジョアン祭）を祝う。

サン・ジョアン祭の日の真夜中に汲んだ水にはご利益があるとされていて、人だけでなく、家畜も井戸や川に連れていかれ水を浴びた。また北部では、病気の子供がその日の夜に聖なる泉で水浴びをしたら、病気が治ったという。

北部ミーニョ地方のペガリーニョの泉から溢れる水は歯痛に効くという。その泉には三つの源泉があり、その一つは丸い穴から出ていて、その穴は聖母マリアが乗ったロバの足跡だと言う。北部には他にも聖女にまつわる泉が多くある。

また母乳が出ない母親が、その水を飲むとお乳の出が良くなる「おっぱいの泉」もあり、お礼にパン、ワイン、オリーブなどをお供えする。そのお供えを最初に見つけた者は、それを食べても良いという。

赤ん坊の洗礼に関する俗信も多い。

・赤ん坊の体を初めて洗う時は、男の子ならお金を、女の子なら金製品を水に入れておく。そうすれば裕福に暮らせる。

・洗礼を済ませた赤ん坊がまだ乳を飲んでいなければ、水の中に落ちても溺れない。しかし、乳を飲んでいれば、すぐに溺れる。

・赤ん坊の体を洗う時、男の子なら庭に、女の子なら店か板張りの床に水を置いておく。女の幸せは家の中に、男の幸せは家の外にあるから。
・洗礼の水がポタポタと床に落ちると、その雫の数の年数、その子はおねしょをする。
イベリア半島の西端にあるポルトガルは、国土の北東に山脈があり、西と南に平地が広がっている。そのため、山脈から大西洋に向かって多くの川が流れ、河口にはリスボンやポルトなどの大都市が発達した。ポルトガルには川にまつわる俗信も多く伝えられている。
・卵を持って川を渡る者は、卵が腐らないようにパン屑か塩を持っていく。
・妊娠している人は真夜中に橋に行って、そこを通った人に生まれる子の代母か代父になってもらう。頼まれた人は断ってはいけない。子どもも母親も幸せになれる。
・川で溺れた者を探すには、浮きに火のついたろうそくを立てて流す。止まったところに溺れた者が沈んでいる。
・川を歩いて渡るときには、小石を口の中に入れておく。
・川を渡る時、三つ小石を拾い、一つは川を渡り始めに置き、二つ目を川の真ん中で落とし、三つ目を川から上がる時に落とすと安全に渡れる。
交通網が発達していなかった昔には、川を渡るのも命がけだったのだろう。

（紺野）

4章

人魚と水の精

1　北海の人魚　ドイツ

海には人魚が棲んでいる。人魚は美しく、人間の顔、両目、両腕、両手、長い髪と、人間の女性と同じような乳房をもつ姿として描かれる。しかし、両足の代わりに鱗とヒレのついた魚の尻尾をもっている。もし帆船の船首や波頭に人魚が姿をあらわした時には、嵐が近いから、注意深い船乗りは余分な帆は引っ込める。

ずいぶん前のこと、人魚がヘルゴラント島の妊婦たちをさらったとき、人魚は半人半魚の姿だった。だが、妊婦たちに好意的で、美しい若い女性の姿となって、親しげな表情でずっと妊婦たちのそばにいて分娩を手助けして幸せにした。

古い時代のヘルゴラント島に、あるきわめて美しい娘がいた。人々はその娘を人魚の娘だと信じて、いつでもつつしみと崇拝の念をいだいていた。（高津）

ヘルゴラント島

2　ルサールカの石　ロシア

ベラフカ村のはずれ、おっきな湖のきわっかたに石があって、みんな、ルサールカの石ってよんでいる。恋人たちがここで会って、ここで別れて、ここで永久の愛を誓って、ここで喧嘩して。ルサールカの石ってね、よくよく見ると女の細い手のあとが見えるよ、深い悲しみ、おさえがたい憂いで石を抱きしめたみたいなのがね。

なんでも遠い遠い昔、この湖にとってもきれいな髪の長いルサールカがいたんだとか。村の美人、鍛冶屋の娘アレナのおさげもすてきだけれど、このルサールカときたらもっとすてき！　夜のように黒くて、小麦畑の穂みたいにびっしりで。ルサールカは夜ごと水から出てきては、この石の陰からそばの草はらで村の若者たち、娘たちが歌って踊って楽しくしているのを見ていた。そして一人、誰よりも好きになった若者がいた。羊飼いのワシリョーク、ポプラのようにすらっとしていて、晴れた五月の空みたいな青い瞳。歌っても踊っても誰よりすてきで。

でも夏が終わって秋になると若者たちも娘たちもだんだんここに来なくなって。冬にはまったく姿をみせず、一面、白い雪におおわれた。ルサールカは水の下で淋しくて、そして待っていた、また草はらが緑になるのを、若い人たちがやってくるのを、みんながワシリョークと呼んでいる若者が見られるのをね。

さて、何事にも終わりがくる。冬も終わった。音たてて四月がやってきた。雪がとけだし、小川が流れ出し、湖の氷ももろくなってきてね。そんな時、ワシリョークが戻ってきた、春のぐちゃぐちゃのとこに薪取りにいってて、その道は湖にそって通っているんだけど、そこでぐざぐざの氷湖の中に近所の二人の男の子、コリャニカとパシュウトカを見つけた。迷うことなく助けに飛び込んだが、水は冷たいし、氷はもろくなっているし。ワシリョークは二人の子を氷の塊の上に乗せることはできたけれど、自分は力つきてしまい、上がってこれなかったんだよ。

でも溺れ死にはしなかった。ルサールカが助けたんだ。水から運び出した、自分の手から放すのはおしかったけど。

さて、また鳥が歌い出し、木々や草が緑になり、若い人たちが草はらにやってくると、ルサールカもまた水からあがってきて、石の陰に座り、微笑みながらワシリョークを見ていた。草はらはなんていいの、なんて楽しいの！　ルサールカの心がざわめいた。ルサールカは魔女である自分の乳母のところへいって、草はらへ行きたい、若い人たちみんなと、ワシリョークと一緒にいたいという願いを言った。尾の代わりに人にあるような支えの足がほしい、ワシリョークがしょっちゅう一緒に踊っている金髪のアレナみたいのがほしいって、ね。

乳母の魔女はやめておけ、と繰り返しいった。それでもしまいにはとうとう願いをかなえてくれることになった。ただし三つの条件つきで。もし水から出たら二度と戻れないこと、尾の代わりに人の足を持つが、歩く時は恐ろしい痛みのあること――一歩ごとがナイフの刃の上をいくみたいな痛みだ。そして求める人がその愛に答えてくれなかったら、ルサールカは永遠に消えてしまう、泡になってしまうこと。恐ろしい条件だよ！　ルサールカは考えてみることにした。ところが夜、ワシリョークを見て、その声を聞いたら、考えるのなんて止め、魔女のとこへとんでいって、ワシリョークと一緒のためならすべて承知する、といったんだよ。

草はらはにぎやかだった。アコーデオンがなり、みんなペアになって踊っていた。ルサールカが近寄っていったら、若者の一人が輪から抜けてきて、ダンスに誘った。でも哀れなルサールカ娘にとって一歩一歩がどういうものか、ダンスどころではないのを若者は知らないんだ。ルサールカはちょっと歩いて、疲れて切り株に腰をおろした。そこへワシリョークが飛び出してきて踊りの輪に誘った。座ってなんかいられない、立ち上がるとすべるように、みんながじっと見つめてしまうほど、美しく輪をえがいた。ワシリョークもルサールカをみつめてほほえんだ。ルサールカの心は嬉しくて輝いたけれど、その目には涙。痛みのことは忘れた、砕けたガラスの上にいる悪魔みたいな痛みだけど、ワシリョークの目を間近にみて、笑い声を聞いて、忘れた。

踊りでワシリョークをひきつけ、好かれるようにと願ったけれど、でも見てしまった、ワシリョークがアレナと二人、抱き合って、消えていったのを。

たちまちあらゆる痛みがきた、痛みは体の中だけではない、心の中だよ。やっとのことでルサールカはあの石までたどりつくと、抱きつき、夜の闇の中で消えていった。以来、誰もルサールカのことを耳にしたものはいない。石だけが「ルサールカの石」とよばれているけどね。

（渡辺節子）

3　ジェール河の人魚たち　フランス

昔、ルクトゥールの町のすぐそば、コートの村に釣りの大好きな若い織師がいた。あまりに釣りが好きなので〈アオサギ〉とあだ名がついていた。毎晩日が沈むとジェール河に網と底釣りの糸を仕掛けに行き、翌朝夜明け前に引き上げに行った。

ある刈り入れどきの晩、アオサギはカステーラ＝ルクルトゥロワ村のタレイザック小作地の向かいまで網と底釣り糸を仕掛けに行った。仕掛け終わると考えた。

「家は遠いなあ。タレイザック小作地は近くだ。あの人は知り合いだから今晩泊めてくれるだろう。あした鯉とウナギを一匹ずつ進呈しよう」

小作人はアオサギに夜食を出してくれ、気持ちのいい寝床に寝かせてくれた。ひと眠りしたあと、アオサギは飛び起きて暗がりで着替え、窓越しに月と星を見て思った。

「じきに三時だ。網と底釣り糸を引き上げる時だ」

アオサギはすぐ河へ向かった。ジェール河に近づくと若い娘たちの叫び声と笑い声が聞こえてきた。

「あれっ！　カステーラの娘たちが水浴びに来てるんだな。魚を驚かせてしまっただろうな。今日

は獲物を家に運ぶのにタレイザック小作地の雌馬を借りる必要はなさそうだ」

　アオサギは静かに河へ近づいて娘たちをよく見ようとトネリコと柳の茂みに身を隠した。娘たちは金の櫛で絹のように細い髪をとかしていた。そして月明かりのもとで泳いだり戯れたりしていた。アオサギは娘たちの叫び声や笑い声を聞きながら思った。

「あの子たちの一人とでも知り合えたらなあ、あの子たちが話していることを一言でもわかったらなあ」

　夜明けが近づいてきたがアオサギは娘たちをずっと眺めていた。とうとう娘たちの一人が気づいて叫んだ。

「男だ！　男だ！」

　すぐに娘たち全員がアオサギをとりかこんだ。

「アオサギさん、おいで、おいで、いっしょに泳ぎましょう」

「聖母マリアさま、人魚の群れに囲まれました」

「アオサギさん、おいで、おいで、いっしょに泳ぎましょう」

　そして人魚たちはこれまでに聞いたこともないような、これからも聞くことのないような、このうえもなく美しい歌を歌いはじめた。歌の効き目でアオサギは否応なくだんだんと河へ近づいていかざるをえなかった。

　人魚たちは歌いつづけていた。織師は思った。

「聖母マリアさま、人魚の群れに囲まれました」

人魚たちは歌いつづけていた。

「聖母マリアさま、人魚の群れに囲まれました」

人魚たちはあいかわらず歌いつづけていた。

アオサギは河の岸辺にいた。そして心にもなく飛び込もうとした時だった。カステーラ教会の鐘が朝のお告げの最初の音を鳴らした。すると人魚たちは歌を止めて水の中に隠れた。

アオサギはクローバーの葉のように震えていた。まるで死者のように真っ青だった。網と底釣り糸を引き上げてみた。いままでにこれほどたくさんのみごとな魚がかかったことはなかった。しかし自分のためにはなにもとらず、すべてをタレイザック小作人にあげてしまった。そしてコートの家に戻ると七日の間引きこもって外へ出なかった。八日目の夜明けに家を出て、ベアルン地方の名高い信仰の場であるノートルダム＝ドゥ＝ベタラムへ行った。そこでひと月の間、夜明けからお昼までろうそくを捧げ、ミサにあずかった。夜は寝に着くまで主の祈りを捧げた。コートの村へ戻ったアオサギは網と底釣り糸を燃やし、二度と釣りに出なかった。友人たちにもそうするよう勧めた。夜は人魚の群れにつかまらぬよう、ジェール河に近づくことはなかった。

（新倉）

4　モルガンヌの宝物　　フランス

島の若い娘が二人、ある日浜辺へ貝を採りに行ってモルガンヌ(注)が美しい白いテーブルかけを二枚広げて宝物を陽に乾しているところを見かけました。詮索好きな娘たちは身をかがめて岩の陰を這って行き、見つからずにモルガンヌのところまで行きました。驚いたモルガンヌは娘たちがおとなしくて賢そうなのを見て、宝物を持って海にとびこまずに、広げてあった二枚のテーブルかけに美しいものを包んでたたみ、一つずつ渡して、家に帰って両親の前でしか中にあるものを見ようとしてはいけないといいました。

二人のウエサン島の娘は貴重な荷物を肩にかついで家を目指して走りました。けれども娘の一人は自分がほんとうに持っているものと思い込んでいるダイヤモンドやその他の美しい装身具を眺めて触ってみたくてたまらず、誘惑に負けてしまいました。別の方向に帰って行った仲間から離れると、テーブルかけの包みを草の上に置いてどきどきしながらほどいてみました。出てきたのは馬糞だけでした。娘は怒りと恨みで泣くばかりでした。

もう一人の娘はまっすぐ家に戻り、貧しい藁ぶき小屋で父親と母親の見ている前ではじめて包みを開きました。中に入っていた宝石や真珠や金、それに豪華な布は目もくらむばかりでした。一家は突然金持ちになり、美しい家を建て、土地を買いました。いまも島に住む一家の子孫には、ずいぶん時が経っているのにモルガンヌの宝物の残りがあるのだといわれています。

注　モルガンヌは海の妖精モルガンの女性形。モルガンとモルガンヌは海に住む小さい人たちで、バラ色の頬に金髪、大きな青い目をしていて天使のように優しい人たちだ。月明かりの晩に浜辺で遊んだり、昼間は白い亜麻布の上に金や真珠、宝石などの宝物を広げて乾したりするという。
（新倉）

5　人魚に愛された娘　イタリア

カラブリアの海に近い村に娘を一人持った母親がいた。娘は髪の毛をとかしてもらうのをいやがったため、シラミが大きく育ち過ぎ、そのため、村人たちは娘を引きずって行って、海に投げこんだ。

人魚がその娘に同情した。娘は美しかったから、人魚は娘が好きになって、自分のご殿に連れて行った。優雅な服を着せ、逃げることを恐れて、右足に金の鎖をつないだ。

娘の母親は毎日、海岸に行って、泣きながらこんな悲しい言葉をくりかえした。

海よ、私の海よ、おまえはどれだけ私を悲しませるの？
私の美しい娘に、顔を出させてくれ

私はあの子と話したいのよ

そこで娘は波間から浮かんできて、どうして人魚に片足に鎖をつけられて囚われているか、話した。

母親は自分がどんなに悲しんでいるか、娘に大声で聞かせた。そして、鎖を壊す秘密を人魚から聞き出すように助言した。そして母親はリキュールとワインを人魚に持っていくように勧めた。人魚が酔っぱらったら、「だれかが、いつかその鎖を壊して、連れて行かれるか心配だ」というふりをして、秘密を聞き出すようにしなければならないと母親は言った。

言われたとおり、娘は人魚にリキュールをもっていった。そして、半分ほど酔いが回ったのを見ると、自分の胸に人魚の頭をのせて、いろいろ聞きだした。

人魚は、「あの鎖は金曜日に生まれた鍛冶屋によって、同じ金曜日に作られた百キンターレ（十トン）の鉄槌で打てば砕くことができる」といった。

娘はまた海辺に行って、母親にすっかり話した。そこで、母親は鉄槌と金曜日生まれの鍛冶屋を探し出した。鎖は砕かれ、娘は家に帰った。

人魚は夜遅く帰ってきて鎖を引いたが、娘はいなくなっていた。海の音を覆う長く苦しげな嘆き声がはじまった。だが、何日かして、人魚は悲しみのために死んだ。（剣持）

6　妖精の湖　イタリア

ある日、若い猟師が妖精の湖の岸辺にやってきた。疲れていたので、水で顔を洗おうとかがんだ。その時、信じられないものを見た。湖の向こう岸に、言葉では言い表せないほど美しい娘があらわれたのだ。娘は若者を不思議な緑色の目でじっとみつめた。若者の心の中にたちまちはげしい愛の炎が燃えさかった。娘はなおも若者をみつめてほほえむと、行ってしまった。

若者は息を切らして追いかけたが、むだだった。

若者は途中で出会った炭焼きたちに娘のことをたずねた。

「日なたで娘が髪をとかしていたんだ」

炭焼きたちは答えた。

「怪しい娘だぞ。あの娘に惚れた者はひどい目にあう。命を落とすぞ」

炭焼きたちはそう言ったが、若者はそんなことは信じなかった。

若者は翌日また湖にもどってきた。すると、またあの不思議な娘が向こう岸にあらわれた。

こんなことが何日かつづいた。だが、若者は娘の残酷なたわむれに我慢できなくなって、娘に愛の言葉を叫んだ。すると、娘は透き通った緑色の目で若者をじーっとみつめたかと思うと、魔法で、虹色の水晶の橋を湖の上に投げてよこし、若者にこの上なく甘い歌を歌ってよこした。

若者は美しい娘にむかって突き進んだ。だが、橋の半分まで来たとき、虹の橋は溶けてしまった。

約束されたはずの娘のくちづけは冷たい水の味がした。

若者の死は険しい山々に支配された高原に再び沈黙をもたらした。

炭焼きたちは例の件についてさまざまなことを言った。妖精は罰のために固い岩に変えられたという者もいれば、妖精は後悔し、絶望し、恋人に身をまかせようと凍った水に飛び込んで死んだのだと断言する者もいた。

それ以来、ときどき、湖面の上に、寄りそうような二つの小さな雲が見られるという。（剣持）

7　水の精の娘　ソルビア（ドイツ）

昔、たくさんの子どもを持った水の精がいた。ひとりの息子と三人の美しい娘だった。夏の晩、娘たちは近くの村まで散歩をしたり、池のほとりに座ったりして、ナイチンゲールのように歌っているのが聞こえた。

娘のひとりが村のある農家の息子を好きになった。若者は娘にうっとりとなり、毎晩娘のところに来た。ある日、若者はいった。

「君はあの下でとても快適に暮らしているみたいだね。一度君の家を見られないかな？」

娘は答えた。

「もし父が出かけていたらだいじょうぶよ。けど父が家にいたらあなたは殺されてしまうわ」

その後、若者は毎晩自分の望みをくり返した。

ある晩、娘は若者にいった。

「今日、父が長い間出かけるから、わたしの家に来るといいわ」

娘はハンノキのムチを取ると池をたたいた。すぐに水面がわかれて娘と若者は腕を組んで池の中に入っていった。ふたりはそれほど行かないうちに、美しい宮殿に着いて、その中に入った。宮殿の中はすべてクリスタルでできていて、すごく明るく見えた。城の隅には大きな樽があって、そこから強い魚の臭いがした。そこで、若者はその中になにがあるのかたずねた。

「魚よ。わたしたちは魚を食べるのよ。ここで手に入るただひとつの食べ物なの」と、娘は答えた。

若者は身震いしたが、二、三日池の下で過ごした。ついに娘がいった。

「今日は父が帰ってくるから、あなたはもう行かなきゃあだめよ。父があなたを見つけたら、やっかいなことになるにちがいないわ。晩にはまた池のほとりに来てね」

若者は立ち去り、娘は岸辺まで送っていった。

そうこうするうちに水の精が家に帰ってきた。宮殿に入るやいなや、家の中に人間のいた臭いがした。水の精は一番下の息子に、誰がここにいたか知っているかとたずねた。息子は告げ口なんてできないよ、といった。すると水の精が怒ったので、小さい息子は不安になっていった。

「下の姉さんが恋人を連れてきたよ」

そのとき、娘が部屋に入ってきたが、水の精は息子から聞いたことをなにもいわなかった。ただ、また旅に出なければならないとだけいった。

太陽が沈みその最後の輝きがクリスタルの家に投げかけられたとき、水の精は赤い帽子をかぶり出発した。娘もまたすぐに出かけた。水の精は娘に気がつくとすぐに家にもどり、樽の中に隠れた。

若者が岸辺に座り、娘を待っていた。突然水面がわかれて娘が岸辺に飛び出してきた。二人は長い間手を組んで座っていたが、ついに若者がいった。

「番人が口笛を吹いているから、行かなきゃあ」

「父が出かけているから、またわたしと一緒に来てよ」

「もし、君の父さんが出かけているのなら、今夜君のところに行って、あすの朝まで過ごそう」

まもなく、娘はハンノキのムチで池をたたくと、最初のときと同じように水面がわかれた。そこで二人はクリスタルの家に行き、愛を楽しんだ。ついに二人は眠りについた。水の精は、若者がほぼ眠ったことを知ると、音をたてないように部屋に入っていき、若者をよく見ていった。

「とんでもないことだ、おまえは人間の子だ。娘が不幸になる前におまえを殺すとしよう。だって、われらの一族はおまえたち人間と決して一緒に生きることができない。われわれは永遠だが、おまえたちは消えてなくなる」

水の精は若者に飛びかかり、のどにかみついた。若者は叫んだが、水の精はもう一度かみついた。そこで若者は死んだ。

娘は父親のしたことを見ると、ひどく悲しんだが、水の精は娘にいった。

「男を連れて出ていけ」

娘は恋人の体を岸辺まで運んでいくと、ひどく泣いた。次の朝、人々は岸辺に若者の体を見つけると、溺れ死んでこの村に運ばれてきたのだろう、といった。

水の精の娘は今でもときどき岸辺で見かける。娘が姿を現したところは、いつも一番美しいユリが育った。

（杉本）

8　水の精の花嫁　スウェーデン

娘が野原で花を摘んでいた。そのとき岸からとても美しい音楽が聞こえてきた。うっとりした娘は、その調べの聞こえるほうへ歩いていった。すると灰色の服をまとった男があらわれ、娘をさそい、やさしく抱擁した。娘は男のかなでる甘い調べに心を奪われ、男が水の精であることを知らずに、男のところにいた。そこには、王さまの船にあるようなみごとな部屋や広間があった。水の中で娘は気もちよく、たのしく過ごした。水の精は美しい調べで娘の心をとらえた。しかし娘は二度と人々のところにいくことを許されなかった。娘の行方が知れなかったので、両親は娘が死んだものと思い、悲しみにくれていた。

一年が過ぎると娘は息子を産んだ。それでも悲しくて泣いてばかりいた。水の精は娘を元気づけようと歌ったり楽器を弾いたりしたが、何の役にもたたなかった。ある日娘が子どもを湯につかわせていると、故郷の鐘の音が聞こえてきた。大粒の涙がぽろぽろと、子どもの上に落ちた。水の精は娘のためにできる限り美しい音楽をかなで、ついに、どうしてそんなに悲しんでいるのかとたずねた。

娘は答えていった。「この一年、教会で神さまのことばを聞くことができなかったからよ」

水の精は娘を手放したくはなかった。しかし娘がくり返し頼むので、故郷の教会へいくことを許した。誰もたずねない、誰とも話をしない、牧師が説教壇をおりるまえに水の精と子どものもとに戻るという条件で。

そこで娘は誰よりも着かざって教会にいき、そっと母親のとなりにすわった。娘に気づく者はなかった。やがて母親は娘に気づき、どこにいっていたのか、どうしていたのかとたずねた。しかし娘はいくらたずねられても答えなかった。すると母親がわっと泣きだしたので、娘も泣きだし、身の上に起こったことを話した。けれども娘は約束を破るのも、息子をあきらめるのも、母親といっしょに家に帰るのもいやだといった。母親は、すべては水の精が悪い、夫も子どももあきらめたほうがいいといった。そうするうちに牧師が説教壇にのぼった。そのとき、娘の名を呼ぶ、水の精の恐ろしい声が響いた。

「帰ってこい、帰ってこい、子どもが泣いている！」

しかし娘は心を鬼にして母親といっしょに家にもどり、水の精と子どもをあきらめた。それからは、娘の親族が、娘をひとりにすることはなかった。

（山崎）

9　水の精の妻　オーストリア

若くてきれいな下働きの娘がゴッガウ湖のほとりで野良仕事に熱中していた。水の中に頭がひとつ、娘に気づかれないように浮かびあがると、恐ろしい姿が水の中から立ちあがり、ぬかるんだ岸辺を通って陸地へと歩いていった。もじゃもじゃの髪の毛、びしょびしょに濡れた若者が、なにも知らない娘に忍び寄ると、突然ごつい手で娘を抱いて湖の中に引き込み、娘と一緒に見えなくなった。

娘は深い湖の下で水の精の花嫁になった。水の精は大切な宝物をきびしく見張っていた。娘は逃げ出すこともできずに、水の精の素直な妻になるしかなかった。

時が過ぎ、娘は何年もたった後に水の精の子どもを産んだ。水の精はものすごく喜んだ。ある日、娘は水の精に人間の住む世界に返してくれと頼んだ。水の精はまったく取り合わなかった。そこで、娘はせめて自分の家族や知り合いを一度訪ねることを許してくれと、しきりに頼んだ。家族や親戚が娘のことを心配しているにちがいない。水の精はこの頼みも拒絶した。哀れな娘は、水の精が態度を和らげるまで責め立てて、地上を訪問する許しをもらった。

しかし、水の精は長くて切れない糸を手に取り、それを娘の腰に巻きつけて、その端をしっかりと両手に持った。出発のときに、もし水の精が糸を引いたらすぐに帰ってくるようにと、きつく言い聞かせた。娘は無事地上に到着すると、長い間別れていた愛しい人たちにあいさつをして、みんなに自分に降りかかった恐ろしい運命を話して聞かせるために、両親の家に急いだ。

だが、その後娘がどんな時を過ごしたかを話し始めるともう糸が引かれた。娘は気にしなかった。すぐに水の精は二回目を引いた、今度はより強かった。不幸にも娘はそこにいる家族にしがみつこうとした。糸にがくんと衝撃が加わって、娘ははねつけられて薄暗くなった湖に飛んでいった。そこにはすでに水の精が娘を待っていて、娘を腕の中に受け止めると一緒に湖の中に消えた。人々は娘を再び見ることはなかった。（杉本）

10　アザラシ女房　アイルランド

マハイラという村に一人の男が住んでいた。ある夜、男は海草を集めるために海辺にやって来て、そこでアザラシを見た。アザラシは人間の女の姿をして岩の上に座って髪をとかしていたが、男はそれがアザラシであることを知っていた。女のそばの岩の上に上着があった。男はそっと近づくと、上着をさっと取り上げて、それを持って家に向かって一目散に走った。女は上着を取り戻すために男の後を追って行くしかなかった。アザラシはその上着がなければ本来の姿に戻って、海に帰ることができないからだ。こうして女は男の家まで来てしまった。男は家に入ると、すぐに上着を台所の暖炉のそばにある中二階のずっと奥の方に投げ込んだ。

海に帰ることができなくなったアザラシの女は男の家に住み、時がたつうちに二人の間に数人の子どもが生まれた。その子どもたちの足にはガチョウやアヒルのように水かきがついていた。足の指と指の間に、指先まできっちりと水かきがついていたから、それぞれの足の五本の指は開いたままだった。女はとても働き者で、家の仕事も、子どもの世話もよくした。

こうしているうちに、ある日思いがけないことが起こった。その日男は収穫したカラスムギを中二階に運び入れること思いついた。中二階にはずいぶん長い間上がったことがなかったから、その間に投げ込まれたものでいっぱいだった。男はガラクタを次々に上から下に投げはじめた。そうしているうちにあの上着も投げてしまったのだ。

下で夫の仕事ぶりを見ていた女は、上着を見るとすかさずそれをとって、自分が座っている椅子の尻の下に隠した。

男は中二階が片付くと、カラスムギの袋を運び入れた。夫が仕事を終えて外へ出て行くと、女は上着をもっと安全な場所に隠した。

夕方近くなると、女は家の中をきれいに掃除し、夕食の準備をした。それから子どもたち一人一人の体を洗い、服をきちんと着せると、髪をていねいにとかしてやった。そして子どもたちをテーブルにつかせると、自分は外に出て、上着をさっとはおり、浜辺に向かって一目散に降りていった。その後、女の姿を見たものはいない。

ATU400

＊海の住人が人間の女房になる話はアイルランドでは多く語られている。ここに紹介した話はアザラシが人間の男の妻

になる話であるが、実際にはアイルランドでは、アザラシ女房の話は少なく、報告された話は十話にみたない。人魚が妻になる話は多く、三百話以上ある。一方、スコットランドとその周辺の島々では、セルキーと呼ばれる、アザラシ女房の話がほとんどを占めている。

（渡辺洋子）

11　お産の手伝い　ドイツ

ネズミの毛皮で身を包んだ奇妙なかっこうをしたムンメル湖の住人が、カッペルの産婆を呼びに来た。妻のお産に立ち会ってくれというのだ。

男は湖を白樺の枝でたたいた。水が二つに分かれるとすぐ、ふたりはアラバスター（雪花石膏）でできているらせん階段を下へ下へと降りて行った。そして紅玉がちりばめられた玉座の置かれた黄金の豪華な部屋にたどり着いた。そこで、産婆は自分の仕事をやりとげた。

来た時と同じあの謎めいた男が産婆の先に立って同じ階段を昇り、ふたたび外の世界へと連れていってくれた。ここに着くと、男は謝礼にと藁束をさしだしたが、産婆はそれをていねいに断わった。幸運にも冒険をやりぬいたという喜びだけでせいいっぱいだったのだ。

「ほんとうにけっこうです」と産婆はいってからつけくわえた。

「当然のことをしただけですから。私の家では藁は間に合っていますし」

でも、頑として聞き入れられなかったので、ついに産婆は折れて、とんちんかんな贈り物を受け取った。でも男の姿が見えなくなるとすぐ、藁束を捨ててしまった。家に帰りついたとき、知らぬ間に一本の藁がくっついているのに気付いた。なんとそれは金に変わっていたのだ。

この貧しい女は謎めいた贈り物の価値を見抜けなかったことを大いに悲しんだ。

（星野）

12　水の精のボタン　ドイツ（現チェコ）

むかし、トラウテナウのあたりで一人の若者が小橋の上を渡っているときに、橋の欄干に着古した上着とズボンが干してあるのに気づいた。そのズボンのボタンが気に入ったので、若者は即座にそれをちょんぎってしまうことにした。ところが、二、三歩も行かぬうちに、どこにいたのか小人が近づいてきて、ボタンを返してくれといった。でも、若者は返さなかった。

小人は水の精だったのだが、盗みにたいして代償を支払わせてやると心に決めたのさ。その日いらい、若者はのどの渇きをいつも感じるようになり、それは一生続いた。

若者は仕立て屋の仕事を習い覚えた。ところが仕立て屋として、たとえどこで働いていようとも、ひっきりなしに水を飲みつづけていなければならなかった。それに夜には、必ずベッドの脇に水がなみなみ入った水差しを置いておかなければならなくなったのさ。

（星野）

13　水の精の仕返し　ドイツ（現チェコ）

むかしあるとき、水の精がボレッツの沼のところに座って、破れたズボンの継ぎあてをしていた。穴を見つけてはぶつぶつ言いながらね。

「ひどいなあ。ここにも穴があいている。そこもだ」

羊飼いがボレッツの農場の羊をそこからほど近い放牧場へ連れて行く途中で、それを耳にした。羊飼いはそっと近寄っていくと、水の精を長い鞭でたたきながら叫んだ。

「ここにもでっかい穴があいてるぞ！」

水の精はこのひどく意地の悪い仕打ちに腹をたてて、大声でいった。

「いいか待ってろよ。もうおまえはおれのもんだ！」

そして甲高い笑い声とともに水の中へ飛び込んでしまった。

羊飼いはそれを聞いて不安にかられた。それでその日から水のあるところをさけるようになった。夏でさえ、外の泉でのどの渇きをうるおすこともしなかった。水の精の仕返しをおそれていたのさ。

しかしある暑い日のこと、ひどくのどが渇いてどうしようもなくなった。それで、近くの小さな泉へ行った。そこへかがみこんだとき、笑い声が聞こえた。それはあの水の精とおなじ甲高い笑い声だった。若者はびっくりした拍子に頭から水に落ちてしまった。溺れて、もうそこからあがって来ることはなかった。


（星野）

14　水の精と熊　ドイツ

　ノインブルグの近くの谷に水車小屋があって、その近くの湖に水の精が棲んでいた。こいつは毎晩、粉屋の家の部屋まで入ってくるのだった。テーブルに魚を置き、むしゃむしゃと食べる。粉屋はこのわずらわしい訪問をなんとかしたいものだと思っていた。それで、中庭の木の下に水の精専用のテーブルを準備して、そのとなりに椅子を置いた。しかし、水の精はそこに腰を下ろすなんて考えもせず、相変わらず、部屋に入ってくるのだった。

　あるとき、よそ者がこの水車小屋に宿を乞うた。男は一頭の熊を連れていた。粉屋は男に例の部屋に泊まるようにといった。いつもの時間に水の精が現れ、テーブルに向って座ると、魚に食らいついた。そのとき、主人に連れてこられた熊がのそっと水の精に近づくと、後ろ足で立って、おいしそうな食べ物のにおいをくんくんと嗅いだ。

「なんだ、おまえは！」水の精はそう叫ぶと、こぶしで熊を殴りつけた。ところが熊だってだまっちゃいない。熊はテーブルをひっくり返し、おまけに水の精をひどく痛めつけた。

　その後、水の精はもう部屋まで来ようとはしなかった。でも、水車小屋の前の水の中で朝から晩までうずくまって、顔だけ出しているのだ。粉屋ときたら、それを見て見ないふりをしていた。それであるとき、水の精は水面から姿を現して、粉屋にたずねたもんだ。

「あの大きな猫はまだ部屋にいるのか？」

粉屋はちょっと考えてからいった。

「もちろんだよ。たった一匹じゃなくて、今やそこには十二匹もいる！」

それを聞いて水の精は水にもぐって二度と姿を現すことはなかった。

（星野）

15　水馬と子どもたち　イギリス〈スコットランド〉

ある日曜日に十人の子どもたちが、スーナート地方のロッホ・ナ・ドゥーナッハ（悲劇の湖）と呼ばれる湖の近くに遊びに行った。

子どもたちは一頭の馬を見つけ、その背に飛び乗った。馬の背中は子どもがひとり乗るごとにどんどん長くなっていった。十人目の子どもが馬に触ったとたん、指がくっついて離れなくなった。自分で指を切り落としてなんとか馬から離れることができた。その子のポケットには聖書が入っていた。

馬は子どもたちを乗せたまま湖の中に駆けこんだ。そして九人の子どもたちは二度ともどらなかった。次の日、そのうちのひとりの肝臓が岸辺に流れついた。

＊馬はヤッハ・ウィシュケ（水馬）である。ハイランド地方の湖に棲み、人を水中に引きずりこんで喰らう恐ろしい妖怪。ふつうの馬とよく似た姿だが、人にも化けられる。
（岩瀬）

16　水馬と心臓の湖　アイルランド

スライゴーのドラモア・ウェストから約二十キロ離れたところに、ロッホ・フリー（心臓の湖）という名前の湖がある。

昔、この湖の近くに、広大な農地を持つ男がいた。その農地内には山があり、泥炭地も広がっていた。その湖も大きかったが、そのあたりに住むものたちは、それは魔法にかけられた湖だといい、その暗い水底には、昔の偉大な王たちや、戦士たちが住んでいると信じていた。

さて、その広大な土地を持つ男はある年、飼っていた家畜が全て死んでしまうという不幸にみまわれた。その埋め合わせに新しい家畜を飼っても、それも死んでしまい、男はひどく貧乏になった。春が来ても畑を耕してくれる馬は一頭もおらず、ひとりぼっちで、どうしたらいいかわからなかった。

ある夜、男はすっかり気落ちして、農地を歩いていたが、ふと、湖の方を見ると、一頭のとても美しい漆黒の馬が、水ぎわで草を食べているではないか。すぐに近づいていくと、馬も首をのばして男を見た。男は馬を家に連れて帰り、馬小屋に入れ、餌をやり、優しく撫でてやった。こうしてこの馬はこの家で飼われることになった。馬は畑を耕したり、荷車を引いたりよく働いた。また、毎年春になると、仔馬を一頭ずつ生んだ。仔馬は良い値段で売れたから、男は金持になっていった。こうして何年もの月日が過ぎた。その間、男は馬をやさしくあつかい、一度として打ったことはなかった。馬もこれに答えてよく働いた。

　ところがある日、水を飲ませようと、馬に乗って湖に向かう途中で、男はついうっかり馬に鞭をあててしまったのだ。その途端、馬は飛び跳ねて、三回いなないた。するとすぐさま馬の回りに、今まで生んだすべての仔馬が集まってきた。そして、母馬が農夫を背中に乗せたまま湖の中に飛びこむと、仔馬もみんなあとに続き、湖の中に消えて行った。

　男は殺されたに違いない。なぜなら次の日、男の心臓が湖の水面に浮いているのが見られたからだ。その日以来、その湖は「心臓の湖」と呼ばれるようになった。


（渡辺洋子）

17　水馬と娘　イギリス〈スコットランド〉

　マル島の伝説。ある暖かな夏の夕暮れどき、若い娘がアサポル湖の岸辺を散歩していると見知らぬ男に話しかけられた。二人は緑の小山に座り、男は娘の膝の上に頭をのせた。娘はぼんやりと男の髪の間に指をすべらせていたのだが、髪に湖の藻がからまっているのに気がついた。ぞっとして、なんとかして逃げなくてはと思った。男が大いびきでぐっすり眠っていたのをさいわい、うまく男の頭の下に石を置いてすばやく立ちあがると、奉公先の古いお屋敷に向かって全速力で走った。もう少しでお屋敷の玄関というときに娘が後ろを振り返ると、美しい灰色の牡馬がものすごい速さで追いかけてきた。それは恐ろしい水馬で、娘が逃げおおせたのを見るとこう叫んだ。

「次の日曜日におまえをつかまえに来るからな」

娘は湖から逃げてきた話をあちこちに話して回った。そこで次の日曜日には湖のそばの小山におぜいの人々が集まり、娘を守るために人垣を作ってとり囲んだ。人垣の中心には年老いた教区牧師が立った。

しばらくすると湖岸をふちどる緑の平原の方から大きないななきが聞こえた。たちまち水馬が姿をあらわし、口から泡を飛ばし鼻をふくらませて全速力で駆けてきた。そして人垣を突きやぶり、恐ろしさにふるえている娘をくわえると、湖に運び去っていった。娘は二度ともどらなかった。

（岩瀬）

18　ケルピー　イギリス〈スコットランド〉

男がコルガルフのルイブの橋をわたってドン川を渡らなければならなくなった。女房が病気で死にそうだったからだ。むろん男は先を急いでいた。だが、大雨が降り出し、川が氾濫して、当時は木造だった橋が流された。川につくと、橋がない。これでは川を渡ることは不可能だ。水かさが増して荒れくるった川はごうごうと流れている。

男はがっくりひざを落として、泣きだした。夜だったので背の高い男が近づいてきたのに気がつかなかった。見知らぬ男はなんで泣いているのかと聞いた。

「女房が死にそうなんだ。おれがうちに帰りつく前に、子どもらが母なし子になっちまうかもしれん」と男は答えた。

見知らぬ男は、なぐさめるようにいった。

「そりゃたいへんだ。おれが川を渡らせてやろう」

「無理なこった。今夜ドン川を渡れるやつなんているものか」男はいった。

「そんなことはない。げんに今おれは川を通ってきたところだ」背の高い男はいった。

「本当なのか」男は信じられなかった。

「本当だとも。おれを触ってみろ」

男が相手の着ている物を触ると、わきの下までぐっしょり濡れていた。そこで、男はこの親切そうな男の背中におぶさった。二人は川を渡りはじめた。

だがそれは川の妖怪ケルピー(注)だったのだ。川の中ほどまで来ると、ケルピーはとどろく激流に身を投げだし、背負った荷を振りおとそうとして叫んだ。

「溺れろ、ジョニー。溺れろ、ジョニー、溺れろ！　女房子どもの元へは帰れんぞ」

ジョニーは死にもの狂いでケルピーにしがみついたので、二人とも逆巻く川の中へ転げるように倒れこみ、もみ合って上になったり下になったりした。そのうち二人は川岸近くの浅瀬まで流されていった。

ジョニーは川底に触れたとたん、つかんでいた手を放して川岸に飛び上がると、急な斜面を全速力でかけのぼった。かんかんに怒ったケルピーは、重さ八から十ハンドレッドウェイト（四、五百キログラム）ほどもある巨岩を川底から引きちぎって、八十ヤード（七十メートル）ほど先の斜面を走って逃げる男に向かって投げつけた。

それからその石は「ケルピー石」の名がついた。その後、通りかかる人がみなその石を目印にして石を投げつけていったので、たいそう大きなケルンができあがった。このケルンは「ケルピーのケルン」と呼ばれた。数年前にこの話をしてくれた人は、その石を砕いて建築に使ったそうだ。川には今は石造りの橋がかかっている。

注　ケルピーは急流に棲む妖怪。人に化けることもあるが、ふつうは馬の姿をとるため、水馬（ヤッハ・ウィシュケ）としばしば混同される。

（岩瀬）

19　エルジェガシラ湖　ジョージア

羊飼いがいた。名をボシといった。ボシは夏の間中、山の中で羊を飼っていた。良い草を食わせ、雨の月は群を谷に移し、毛を刈る。というのもよい天気の日々があってもそれが冬がくるお告げではないし、また山に戻るから。日暮れには群と一緒にエルジェガシラ湖のほとりでやすんだ。暗くなると湖の中から大きな雄羊が出てきて朝まで群の雌羊たちと遊んだ。羊飼いはびっくりして見ていた。雄羊は次の夜も湖からでてきた。一月半もボシは山ですごした。

二年目、春になると弟がいった。

「おれが羊を連れて山へ行くよ」

ボシは長いことダメだといっていた。弟をやりたくなかったが、弟は頑固だった。

弟も群を同じようにエルジェガシラ湖の岸辺に連れてきた。

夜、湖から雄羊が出てきて雌羊にかかりはじめた。弟はびっくりしてしまい、おもわず叫び声をあげた。雌羊の群はぱっととびのいた。不思議な雄羊は身震いすると湖に飛び込んだ、するとそれに続いて群全部が湖にとびこんでいった。

がっくりした弟は空手で家に戻り、ボシに困ったできごとを伝えた。

「だから行くなといったんだ。行けば困った事になるのがわかってたから！」

すぐにボシはジョージアの楽器、ソイナル、チアヌリ、チョングリを持つとエルジェガシラ湖へ登って行き、岸辺に座ると、歌い、鳴らし始めた——まずこれ、次はこれ、と次々と楽器をひいていった。その音色に湖から一頭ずつ雌羊が出てきた。これに驚いた弟は嬉しくなってまたもや叫び声をあげてしまった。群はまた湖に飛び込んだ。ボシは嘆いた。うんと歌って鳴らしても、それっきり群が戻ることはなかった。

「羊がいなけりゃ生きてたってしょうがない！」

と叫ぶと、ボシは群を追って湖に飛び込んでしまった。

以来、羊飼いたちは湖から伝わってくる「ヘイ！　ヘイ！」という声を何度も聞いている。アフン山へ群を追って行くと、岸辺に波のように羊の毛の塊がうちよせているのを羊飼いたちは何度も見ている。

（渡辺節子）

20　水の母　ブラジル

昔とても貧しい男がいた。男は川べりにソラマメ畑を持っていたが、実ったから収穫しようとしても、一つも取れなかった。夜の間に全部無くなってしまうのだ。他のやつに食べられるのが嫌になって、誰がソラマメを盗んでいるかこっそり見張ることにした。

ある日、見張っていたら、とても美しい娘がソラマメ畑でせっせとソラマメを収穫していた。男はゆっくりそっと近づき、娘を抱きしめるとこういった。

「おれのソラマメをとっていたのはおまえだな？　おれの家に来て、結婚してくれ」

娘は男の手から逃れようと叫んだ。

「離して！　もうソラマメは取らないから、離して」

しかし男は逃がそうとしなかった。ついに娘がいった。

「わかりました。結婚するわ。でも決して水の中の人の悪口をいわないで」

男はわかったと答え、娘を連れていき、結婚した。

すると、たちまちこれまで持っていた物が奇跡のように増えはじめた。大きな屋敷を建て、奴隷たちを買い、たくさんの家畜を飼い、広い畑も手にして大金持ちになった。

しばらくして、妻は見た目も話し方もだらしなくなった。まるでわざとやっているようだった。子どもたちは食事も与えられず、汚いボロを着ていた。家はいつも散らかってゴミだらけだった。奴隷たちも、命じる人がいないので仕事をせず、互いに喧嘩ばかりしていた。妻は裸足でボロを着て、髪はボサボサで一日中寝てばかりいた。

男は外で仕事をしている間は落ち着いていられたが、家に一歩足を踏みいれると、問題だらけで、もう病気になってしまいそうだった。お腹をすかした子どもたちが泣いていた。

「パパ、何か食べたいよう。パパ、何か食べたいよう」

「だんなさま、あいつがこんなことをしました。こいつがおれにあんなことをするんです」と奴隷たちが訴える。

地獄だ！　頭がクラクラするので家にあまり戻らなくなった。

ある日、こんな生活にいらだって小さな声でこういってしまった。

「水の中のやつらなんて大嫌いだ」

妻はもうこの家を出たいとずっと考えていた。なぜなら妻は〈水の母〉で、川に帰りたいと心から思っていたからだ。夫の言葉を聞くと、妻は突然立ちあがり、こう歌いながら門から出ていった。

ズン、ズン、ズン、ズン、カルンガ神よ、ホッホッ、
カルンガ神よ
私たちはみんな、カルンガ神よ
水の中の家に行ってしまうよ、カルンガ神よ
水の中の人を、カルンガ神よ
悪くいわないでっていったでしょう、カルンガ神よ

男は驚いて叫んだ。

「おまえ、行かないでくれ！」

しかし、なんてこと！　妻に続いて、子どもたち、奴隷たち、家畜たちもみんな出ていった。牛、馬、牡羊、豚、あひる、ニワトリ、七面鳥もみんな、みんな。哀れな男は頭に手をあてて叫んだ。

「おおい、行くんじゃない！」

妻は振りむきもせず、歌いながら歩いていった。


ズン、ズン、ズン、ズン、カルンガ神よ、……

人と家畜の後に、家具、食器、服、トランクなど妻の金で買った物がドアから出ていった。

男はその後を走って追いかけた。男が着ている服は、かつての貧乏だった時の服になっていた。

「おまえ、行かないで!」

何にもならなかった。ついには家、仮小屋、鶏小屋、柵囲い、囲い場、草や木なども後に続いた。川のほとりに来ると、妻とすべてのものが水に入り、見えなくなった。

男は以前のような、ソラマメを作る貧しい暮らしに戻った。水の母は二度と畑にあらわれなかった。


（紺野）

21　若者ク・ラーンと魚の王の娘　マー（ベトナム）

昔々、ダードーン河のそばにク・ラーンという名の貧しい若者がいた。ク・ラーンは河のそばの小さい高床の小屋に一人で暮らし、もっぱら魚釣りで生計を立てていた。魚取りの名人で有名だった。

ある日、いつものようにク・ラーンは河岸で座って魚を釣っていたが、朝から日が沈むまで座っていても、一匹も釣れなかった。ク・ラーンがとてもいらだち、もうやめて家に帰ろうと思ったそのとき、突然浮きが激しく動いた。ク・ラーンは大きな魚がかかったと思い、力の限り釣り竿を引きよせた。ところが、かかっていたのはとても小さなクルーン魚（注1）だけだった。

その魚は尾が赤く、鱗はきらめき、とても美しかった。そのため最初は魚を放そうと思ったが、考えなおして連れてかえることにした。「寂しさを紛らわすため家で飼おう」と、ク・ラーンは小さな魚を壊れた甕に入れ、雨期の間飼うことにした。

ク・ラーンは暇な時にはいつも魚を見ていた。しだいに魚に熱中し、ながめては日に一度世話をしていた。魚は人間の気持ちがわかるかのように泳ぎはしゃぎ回った。

ある日、仕事から帰ってきたク・ラーンはとても疲れていたので、魚に餌をやると横になって眠ってしまった。夢の中で、壊れた甕の中からとても美しい娘が出てきた。娘の髪の髷は土鍋のように大きく、その笑い声はトゥンタン鳥(注2)のさえずりのようで、その足取りは魚が泳ぎまわるようにしなやかで軽やかだった。ク・ラーンは飛び起き、目をこすりながらあたりを注意深く見まわした。すると、そこには夢で見た美しい娘がいるではないか。ク・ラーンは自分がまだ夢を見ているのかと思い、たずねた。

「おまえは誰だい。声をかけず、戸も叩かずに突然入ってきて。筍取りに出て迷子になったのか、それとも雨に遭って道に迷ったのかい？」

娘は笑いながら答えた。

「わたしは魚の王の娘です。わたしの村は昔から遠い海にあります。先日、クルーン魚に変身してダードーン河へ遊びに来たら、あなたに連れかえられ飼われたのです。長い間遊んだので、そろそろ家に帰らなければなりません。わたしの両親が心配しないうちに、母方の伯父が待ちくたびれないうちに」

娘のきれいな話し方と竹の葉のようにきれいな目。ク・ラーンはとりこになってしまった。二人は話しつづけ、最後に娘はク・ラーンにいった。

「わたしの村にわたしと一緒に行って両親と伯父に会ってください。面倒を見てくれたお礼をしますから」

ク・ラーンはすぐに娘とダードーン河に行った。大きな河の流れはいつも騒々しかったが、そのときだけは静かになった。

娘はク・ラーンの手をつかみ水中に引っぱった。ク・ラーンは水の中にはいると自分のからだが変わったのを見てびっくりした。からだには魚の鱗が生え、手足は魚のひれになっていた。ク・ラーンは雷魚に変わり、矢のように早く泳いだ。美しい娘もまたクルーン魚に変身し、自分のそばをしなやかに泳ぐのだった。

二人はダードーン河を泳ぎつづけ、たくさんの知らない魚たちに会い、多くの大きな滝を通りすぎた。ついに、二人は海に出た。ク・ラーンは自分が広大な明るい世界で魚の王の美しい娘と並んで泳いでいることにおどろいた。二人は高い山の縁にいまだかつて見たことのない程の大きな村に着いた。村の中の家々は巨大な高床家屋で異常に長かった。そこでは人々が地上で水牛や山羊を放牧するように、村の子どもたちが大きなゾウの群れ、大きく太ったサイの群れを放牧しに行くのだった。

娘はク・ラーンを連れて村で一番大きな家に入った。そこは魚の王の家だった。娘は両親と伯父にいった。

「このかたは、わたしが地上で遊んでいたときに養ってくれたク・ラーンです。わたしの両親と伯父、わたしたちの村を紹介するために連れてきました」

魚の王と妻は大喜びで家来に命じてク・ラーンのためにゴザを敷かせて火を焚いて、煙草をすすめた。王はク・ラーンをもてなすため宴会を開いた。たくさんの村人が古い酒甕を持ってやってきてク・ラーンと楽しく話した。

甕にある酒の味がなくなってきた時、王はク・ラーンにいった。

「わたしには一人娘がいる。娘は結婚してもいい年頃だ。もしおまえさえよければ、娘を養い面倒をみてくれたお礼に、おまえのために御飯を炊き、フンドシを織り、ゴザを敷くよう娘にいおう。おまえはここで、一生平和に暮らせばいい」

ク・ラーンはその申し出を喜んで受け入れた。その日の宴会は盛大な婚礼に変わった。魚の王の一族親戚はとても大勢で、七日七晩酒を飲み、踊った。ク・ラーンと娘は神に捧げるトーテムの前に立ち、非常に美しい布で頭を覆い、腕輪を交換し、角さかづき一杯の酒を一緒に飲んだ。

ク・ラーンは前の村には帰らず、海の中で若い妻と暮らした。時には、雷魚に変身し、クルーン魚の妻と一緒に、ダードーン河を遡り、前に住んでいた所に帰っていた。ある時、マットムン滝(注3)の近くに舟で魚釣りに来た人たちがクルーン魚を釣り上げた。すると空は突然嵐になり、たたきつけるような大粒の雨が降り、船をひっくり返そうとしているかのごとく、急に荒れくるった。釣人は雷魚が船のすぐそばを泳いでいるのを見て、すぐにクルーン魚を放した。雷魚はすぐに船から離れていった。すると嵐は静まり、雨は止み、水面はいつものように静かになった。
　ク・ラーン夫婦は魚になって遊びに行くと、マットムン滝で休んでいるようだ。

注1　煌めく鱗と尾をもつ小さな魚。
　2　鳥はいつも山頂を飛び、その鳴き声はまるで笑い声である。
　3　ベトナム中部高原のラムドン省ダーフオアイ県にある滝。

（本多）

22　波に投げた槍　アイルランド

　ある日、一人の紳士がアレン湖で釣りをしていた。湖面は穏やかで、波一つ立っていなかったが、正午近くに、目の前の湖面が動いて、突然大きな波が現われた。波は紳士の方に向かってくるにつれて、どんどん大きくなった。紳士は恐れおののき、とっさに船の中にあった投げ槍を大波に向かって力の限り投げた。すると波はしずまり、湖面はまたもとのように静かになった。しかし紳士は体からすっかり力が抜けたようになり、やっとの思いで船を岸に向かってこぎつけ、陸に上がったが、歩くのもままならないほどだった。ようやく岸辺の丘の上にある家にたどり着いたときには、戸を開けた母親は驚いていった。

「どうしたのですか？　具合が悪くなったのですか」

「いいえ、ただ疲れただけです。しばらく寝室で横になって休みますから、誰か訪ねてきたら、わたしはいないといってください」こういうと紳士は二階の寝室に上がって行った。

しばらくすると、この辺りでは見かけない女が訪ねてきて、母親に息子はいるかきいた。

「息子はおりません」母親がいうと、女はいった。

「そんなはずはありません。あなたの息子さんは部屋で寝ているはずです」

「いいえ、おりません」

「確かに寝ています。お願いです。息子さんを起こして、わたくしが会いに来たと伝えてください。わたくしはあなたの息子さんを連れて、家に戻らなければならないのです」

母親は仕方なく息子を起こしにいった。息子が部屋から下りてきて、戸口の女に用向きをたずねると、女がいった。

「あなたは今日、湖で釣りをしていましたね。そのとき、おそってきた大波に向かって槍を投げたのを憶えていますか」

「ええ、憶えています」

「その槍がわたくしがお仕えする女王さまの額に刺さったのです。その槍を引き抜くことができるのは、あなたの二つの手しかありません。どうぞ私と一緒に来てください。帰りはわたくしがここまで、無事にお送りすると約束します。この通り跪いておねがいいたします」女がいった。

そこで紳士は女と一緒に出かけた。二人の目の前には美しい道がのびていて、二人はその道をどんどん歩いて、やがて湖の底にある大きな宮殿に着いた。しかし不思議なことに宮殿に着くまで、紳士は一度も湖を見なかったのだ。紳士が湖を見たのは、帰りに家の近くまで来て、ようやくのことだった。しかし、一方紳士の母親は息子が湖の中に入って行くのを、門口で見届けていたのである。

さて、紳士が宮殿の広間に入ると、女王は玉座に座っていたが、その額には紳士が投げた槍が刺さっていた。

「ようこそ、湖の底の世界へ」と女王は歓迎の言葉を述べ、それから次のようにいった。

「あなたは今日湖で釣りをしていましたね。その時大きな波が来て、あなたの小さい船をひっくり返そうとしたのを憶えていますか」

「はい、憶えています」

「実は、あの波はわたくしだったのです。わたくしはあなたをお慕いしていて、あなたにここに来ていただいて、一緒に暮らすことができたらと思ったのです。愛するあなたが夫になって、いつまでも幸せに暮らすことができたらと思ったのです。でもあなたは波が近づいてくるのを見たとき、怖くなって、怒りを込めて、波に向かって槍を投げました。そしてその槍はわたくしの額に刺さったのです。この槍を抜くことができるのはあなたの二つの手だけです。しかも、最初のひと抜きで抜かなければなりません。もう時間がありません。二度目は許されません。なぜならその前に太陽が沈み、わたくしは死んでしまうからです」

紳士は両手でしっかりと槍を握り、力をこめて最初のひと抜きで槍を額から抜き取った。

「あなたの手を傷口に当てたままにしてください。そうすれば血も出ないし、傷も残ることはないでしょう」

紳士はいわれたとおりにした。

「お礼に何を差し上げましょう。何をお望みですか」女王がたずねた。

「何もいりません」

「何がお望みか、おっしゃってください。金ですか」

「金なんかいりません」

「どうかお望みのものをおっしゃってください」

「それでは、次のことをお願いいたします。それ以上はなにもいりません。今後、誰であれ、わたしと同じ名前のものがこの湖をわたる時、たとえ小さな手桶に乗っていようとも、洗濯桶に乗っていようとも、決して溺れることはないと約束していただきたい」

紳士の望みはかなえられた。女王は宝石をはめた美しい手をさし出して、別れの挨拶をし、侍女に紳士を安全に家まで送り届けるようにいった。

このことがあって以来、この紳士と同じ名前を持つものは、たとえ手桶に乗っていようと、洗濯桶に乗っていようと、湖で溺れることは決してなかったということだ。

（渡辺洋子）

23 恋する鬼　イラン

とても遠いところにキャラバンが通る荒野があり、人々はその荒野のとある井戸から水を汲んでいた。この井戸はずいぶん昔からそこにあったが、しばらく前からは体のない首だけが井戸からあがり、キャラバンの人たちを恐怖におとしいれていた。旅人が井戸から水を汲もうとするとみな井戸の下に引き込まれ、もはやその姿を見ることはできなかった。ほかの者が井戸から水を汲もうとすると、切り取られた首があがってくるのだった。

ある日のこと、若者がそこにたどり着いた。疲れていて井戸で水浴びがしたかったので、そろそろと井戸の中へ入っていった。すると水のそばに鬼が座っているではないか。若者は笑みを浮かべて会釈した。鬼は若者を見ると「おまえは何者か？」といった。

「旅の垢を落とすために来ました」と若者がいうと、鬼は「ようこそ」といって、水のほとりの自分のとなりに若者を座らせた。

すると、鬼は水をじっと見ていて一瞬たりとも視線をそらさない。若者は好奇心に駆られた。突然、カエルが、水のほとりにやってきて一声鳴くといなくなった。カエルの大きな目が水の中で光っていて、鬼はじっとカエルを見つめていた。

カエルが見えなくなると、鬼は顔を若者へ向けてたずねた。

「若者よ、人生とは何だ？　さあ、人生とは何かをいってみろ」

若者はひどくとまどったが、鬼とカエルの関係がどうなっているのか理解できていたので答えた。

「心楽しきところならどこであろうと、あなたは幸せだ」

鬼はこの返事に喜び、若者が水浴びをしたあとでいった。

「この井戸に暮らして四十年になる。その間、おまえのようにわたしと話をしてくれる者はいなかった。おまえはわたしの痛みをよくわかってくれた。四十年このカエルに心を奪われている。あの美しい二つの目のなかにだけ私の人生はあるのだ。妻も子も、持っていたものすべてを捨てた。ここでこの水のほとりで歳をとるつもりだ！　わたしの家は山の頂にあり、持っているすべてはその家にある。王の宝の七つの大釜があるからそれを取るがいい」

鬼はさらに続けていった。

「これからはもうキャラバンの人たちを殺すまい。ほしいだけ井戸から水を汲めばいい」

心打たれた若者は恋する鬼と別れた。


（角田）

24　悪口の報い　イギリス〈ウェールズ〉

静かで美しいブリトン・フェリー村の近くにあるクリムリン湖は、ウェールズに数多い、妖精の女たちがよく出没する湖のひとつだ。そこには大きな町がのみこまれて沈んでいて、妖精たちが沈んだ建物の壁を宮殿の建物にしたとも信じられている。美しい城のいくつもの塔が、暗い水面の下で胸壁を支えているのを見たという人たちもいるし、ときどき、そうした塔から妖精の鐘の音が聞こえてくる。妖精の女たちがどうしてそこで暮らすようになったかというのは次のようなことだった。

昔々、遠い昔に、聖パトリック（注）がアイルランドから、ただ「はじめまして」というためにウェールズの聖デーヴィッドをたずねてきた。二人が仲よく信仰について話しながらこの湖のそばを歩いていたときのことだ。パトリックがウェールズを離れてアイルランドへ行ったことに腹を立てている人たちが、歩いているのが聖パトリックだと確かめると、パトリックの母語であるウェールズ語でなじり始めた。もちろんそんな侮辱が罰せられずにすむはずはなく、聖パトリックは悪口をいっている者たちを魚に変えた。しかし、そのうちの何人かは女性だったので、魚ではなく妖精に変えられた。

神聖な人にたいする侮辱のせいで、太陽が、命を与える光をこの美しい湖の黒い水に注ぐのは、一年のうち一週間だけだとも語られている。この伝説やこの話にあるような不思議なできごとは他のさまざまな湖についても伝えられている。鐘が歌にうたわれているアバードヴェイの町のバーフォグ湖もそのひとつである。

注　聖パトリックはアイルランドの守護聖人。聖デーヴィッドはウェールズの守護聖人。（岩倉）

25　トロル湖の魔物　スウェーデン

ある下働きの男がトロル湖で漁をすることになった。男は晩に、牡牛につける軛《くびき》をもっていった。火をともして魚を集めるためだ。たくさん魚がとれた。一晩湖にいても不思議なことは起こらなかった。男は明け方に岸にもどり、魚をかごにいれ、かごを運び上げると森の中で火を起こして、「湖のトロルはみんなここであったまるといい！」といった。

するとその瞬間、たき火の向こうで暖をとる牡牛の姿が見えた。そこで男はやすを火の中に置き、真っ赤に焼けるのを待ってから、牡牛に切りかかった。すると牡牛はけたたましい叫び声をあげながら姿を消した。男はやすの柄が木や地面や岩にあたる音をはっきり聞いた。だが四方八方から不思議なものが見えるような気がして恐ろしくなり、魚のかごを置いていそいで家にもどった。翌朝、男がかごをさがしにいくと、かごはからっぽだった。やすはずいぶんたってから見つかった。なんと岩盤に食いこんでいたのだ。おしまい。

（山崎）

26　海の女神になったセドナ　イヌイット（アメリカ）

昔、エスキモーの父と、娘のセドナが海辺に住んでいた。生活はたやすくなく、漁も狩りもままならなかった。それでも、セドナは強くて美しい娘に育ち、男たちは結婚したがって寄ってきた。

セドナは自尊心が高くて、誰にも応じなかった。
春が始まり氷が割れだしたころ、美しい男がセドナのところへやって来た。灰色の服を着ていて他の男たちとは違ってみえた。男は人間の姿をした海鳥で、セドナに求愛して歌った。

　鳥の国へおいでよ
　空腹は無く　熊の毛皮で休めるよ
　おいでよ　僕の美しいテントへ
　鳥たちが　あなたの望みをかなえてくれる
　おいでよ　羽根の衣が着られるよ
　ランプの油もたっぷりだ
　ごちそうだって　どっさりさ

その歌はとても愛らしく、約束ごとはセドナを誘った。セドナは男を受け入れて広い海を渡った。旅は長くて大変だった。たどり着いた陸にはカモメが住んでいてだまされたことを知った。テントは「柔らかい皮」どころか穴だ

セドナ

らけの魚の皮で出来ていて雪が吹き込んだ。ベッドは「柔らかい熊の毛皮」ではなく固いセイウチの革。ランプなどはどこにもなく、食べものといえば、生魚だけ。セドナは取り返しのつかぬ結婚をしたと後悔し、歌った。

お父さん　あわれな娘のところへ来てちょうだい
お父さんのボートで早く海を渡ってきて
鳥たちは不親切で私はよそ者
ベッドは冷たい風に吹きさらされ
食物はほんの少しだけ

セドナは毎日歌い一年が過ぎた。氷が溶け、父は今が娘を助けに行くときだと考え、ボートで広い海へ出て鳥の国へ向かった。そして娘が寒くて腹をすかせ、魚の皮で作った家にいるのを見つけた。セドナは再会をよろこび、連れて帰ってちょうだいと頼んだ。
夫鳥がもどって来たとき、父は怒り狂ってナイフで夫鳥を殺してしまった。そして、セドナをボートに乗せて漕ぎだした。するとカモメたちが群れでエサさがしから帰ってきて、セドナの夫が殺されているのを見て鳴きだした。とむらいの声をあげ、殺した男を見つけようと、空に円を描いて飛びまわった。

まもなくセドナと父親を見つけ、カモメたちは魔法の力で嵐を起こしたので波は荒立ち、セドナの父は、殺した罰を受けるのだと恐ろしくなった。

「カモメたちよ、この娘をおまえたちに返すからおれを殺さないでくれ」

父は娘をボートから突き落とした。

しかし、セドナは海の中からボートの端にしがみついて離さない。

「行け、でないとおれが殺される」とさけぶ。

セドナは手を離さない。父親は鋭いナイフで娘の指先を切り取った。指の先は海に落ちて鯨になった。それでもセドナは離さない。今度は二の関節まで切りとった。指は海に落ちてアザラシになった。

カモメたちはそれを見てセドナがおぼれて死ぬと思い飛びさった。すると魔法がとけて嵐は止み、父は娘を引き上げた。セドナは父をにくみ、岸にたどり着いてテントへ休みに行ったとき、犬たちを呼んで「父の手や脚にかみつけ」と命じた。犬たちは娘がいったとおりに父にかみつき、父親は娘を呪った。その時、足もとの地が割れ、皆が地よりも海よりも下の世界へ落ちた。

海の女神が住んでいる凍った世界。今はセドナがそこにいる。人々は狩りや漁をするとき、シャーマンを通してセドナにお願いをする。セドナの指から産まれた鯨やアザラシはセドナの命令の場所に向かう。おかげで人々は狩りにも漁にも困らなくなった。シャーマンは、指のないセドナのためにその長い髪を梳く役もするそうだ。

（新開）

コラム　アイヌの水の伝承と習俗

水の神は火の神とともに身近な存在であり、川の水は「水の神の尊い乳汁」だと表現されることがある。山向こうの村と村で争い事があったときに、同じ水源の川の神の乳汁をいただいている者どうしなのだから争いは止めようと仲裁した言葉が伝えられている。

伝統的な生活においては、水を汲む場所は家ごとに決まっていて、湧き水を利用したり、川縁を少し掘って水汲み場としていた。沙流地方の萱野茂氏によると、水は樽に汲み置きしていたが、たまに夜、足りなくなると水汲み場へ行き、「水の神様！　起きて下さい。水をもらいますよ」と声をかけてから水を汲んだという。夜は水の神も眠っているので、びっくりさせないようにという心遣いであり、水の神が起きていることで魔物が水に悪さをすることがないのだそうだ。

水汲みを嫌がった子が神様に罰せられて月に連れて行かれ、今でも月の中で水桶をもっているという伝承が月の斑紋の由来として伝えられている。

また、川は交通路でもあった。丸木舟に乗って行き来するときは、水の神に、無事に行けるように見守ってくださいとお願いする。もしも水死などの事故があると、水の神の落ち度として人間から抗議をする。神々にはそれぞれ役目があり、水の神は事故がないように人々を見守る役目も担っているのである。

沙流地方の昔話に、年老いたおじいさんと暮らす孫娘がひとりで山向こうの村に行く話がある。孫娘は、おじいさんに教えられたとおりに、山越しのときに泊まる場所にたどりつくと、水を飲むのによい小さい沢を見つけ、水の神に無事に山越しできるように助けてくださいとお願いしている。興味深いのは、別の話で和人の国へ交易に行った主人公が、山に入るときに水の神に道中の無事をたのむ場面があり、水の神はアイヌの人々が頼りにしてきた神さまであることがうかがえる。

水の神には、多くの仲間がおり、川口を守護する女神、急流を司る神、水汲場の神などがいる。萱野茂氏は、大川の神へお祈りするときは、直接お祈りすることは遠慮して、川ガニの神にお神酒とともに伝言を頼むという。

静内地方の織田ステノ媼が語った昔話には、尻拭きにつかわれた雪の女神がシミのついた着物姿で夢にあらわれ、これからはこのようなことをするなと人間をさとす話や、クマに襲われそうになった若者を助けたミゾレの女神がその若者と夫婦になる話もある。急にミゾレが降ったことで、実際に命拾いした人がいたのだろう。

神々の物語には、火の女神の夫である家を守護する神が水の女神と浮気をし、火の女神が水の女神のところへ乗り込んで巫術比べとなる話がある。水の女神が死にそうになって、火の女神に許しを請うので許して帰り、一日遅れて帰ってきた夫から償いの品を渡されるという人間臭い話も伝わっている。

（志賀）

5章　金の魚

1　水が怖いカエル　　ブラジル

カエルは賢い。昔ある男がカエルを捕まえ、子どものおもちゃにしようと持ち帰った。子どもらはさんざんカエルをいじくりまわし、飽きたのでカエルを殺すことにした。どうやって殺そう？

「とげの中に投げ込もう！」

「とげじゃあ、ぼくの皮は突き刺せないね」とカエルがいった。

「焼いちゃおう！」

「火は自分のうちのようなもんだ」

「石と一緒に箱に入れて揺さぶろう！」

「石じゃあ、カエルは殺せないね」

「ナイフでぐさり！」

「ナイフは刺さらない」

「じゃあ、池に落としてやる！」

するとカエルは泣きながら命乞いを始めた。

「火に投げて！　火に投げて！　水じゃあおぼれちゃう！　水じゃあおぼれちゃう！」

「池に行こうぜ！」と子どもらは叫んだ。

カエルの足をつかみ、池の真ん中にぽちゃんと投げ入れた。カエルはいったん沈むと、水面に出てきてうれしそうにいった。

「ぼくは水の生き物さ！　水の生き物なんだよ」

だから、誰かが一番好きなことを断っているときには、「ほら、カエルが水を怖がっている」というのだ。

（紺野）

2　カエルの鳴き声　韓国

むかし、カエルが子どもを生んだ。その子どもは、母親のいうことは何でも反対のことをして母親を困らせた。山へ行けといえば野に行き、水を汲んでこいといえば火を持って来る。行けといえば来るし、来いといえば行った。そこで、母親は心労が重なって病気になり死ぬばかりになった。

母親は死んだら山へ埋めてほしかったが、子ガエルは絶対に反対のことばかりするからと子ガエルを呼んでいった。

「これ、私が死んだら川べりに埋めておくれ」

そうして亡くなったが、子ガエルはよくよく考えると、母親が生きていた時には言うことをきかないで心配ばかりかけたので、亡くなった後では母親の言うとおりにしようと思って、言葉どおり川べりに埋葬した。

それで、雨が降ると、母親の遺骸が流されるのではないかと心配になって、ゲゴルゲゴルと鳴くようになったということだ。

（辻井）

3　ガマの王とカエルの女王　フランス

昔、マティニョンの教区のムーラン・ド・ラ・メールに、粉挽きがいたが、自分の水車小屋の近くの家に住むのを止めなくてはならなくなった。毎晩、ガマとカエルが池のほとりに戦いに来たからだ。その騒音は、あまりにひどくて眠れないほどだった。

そんなことが十八か月続き、地域にうわさが広まり、ガマとカエルの戦いを見に、とても遠くから人々がやってきた。

ムーラン・ド・ラ・メールにやってきた人たちの中に、ガマとカエルの言葉のわかる男がいて、粉挽きにこういった。

「お望みとあれば、夜に水車小屋の中で寝るのを邪魔するカエルとガマを追い払ってあげますよ」

「そうできれば、とても嬉しいです。おいくらかかりますか」と粉挽きがたずねた。

「百フランです」と男がいった。

「追い払ってもらえるなら、百フランでなく、千フラン差し上げますよ」

粉挽きは男を水車小屋に連れていった。夜になると、カエルたちが池の中でゲコゲコ鳴き始めた。

そして、ガマたちが鳴き声を響かせながら、山を降りてきた。カエルとガマは戦った。戦闘はあちこちで、土手道でも、池の中でも、中庭でも、ついには家の中でも行われた。動物の言葉のわかる男は、何もいわず、じっと聞いていた。戦いが終わると、男が粉挽きにいった。

「この戦いの原因が分かりますか」

「いいえ」

「ガマとカエルの間の戦争でね、ガマの王がカエルの女王に惚れて、結婚を申し込んだんですよ。でも女王が断った。そのせいで、この殺し合いが起きてるんですよ。でも明日、カエルの女王を捕まえてみましょうか」

「どうやるんです」

「それより、ちょっと大きな網をお持ちですか」

粉挽きは男に四つ手網のように大きな網を渡した。動物の言葉のわかる男は、小瓶に入った軟膏を網に塗った。それから四つ手網をしかけると、カエルの女王がやってきて網にかかった。女王は十リーブル（五キロ）以上の重さがあり、真緑だった。腕時計のガラスのような目をしていて、背の高い男の手くらい大きな足をしていた。二人はその姿にとても驚き、粉挽きは怖くなった。

カエルの女王は四つ手網を仕掛けた男にこういった。

「これ漁師、どうしてわらわはそなたの網にかかったのか」

「女王さまにいうことを聞かせたかったからですよ」と男は答えた。

「誰がそなたに秘密を教えたのだ」

「ランプドリ親父ですよ」

「ああ、わらわの強敵じゃ。じゃが気をつけよ。わらわを逃がさないと、水車に二度と水が来なくなるぞ」

今まで口を閉ざしていた粉挽きがいった。「出て行く前に、戦いを止めると約束してくれなくては。おれに長いこと迷惑のかけ過ぎですよ。毎晩寝るのを邪魔されてるんだ」

「なんでガマの王さまと結婚しないんです」ともう一人が尋ねた。

「絶対嫌じゃ。あやつとの結婚に同意なんてしないぞ。醜すぎるわ」と女王が叫んだ。

「あんたを家に連れて帰りますよ」と粉挽きがいった。

「わらわを一時間水のないところに置いたら、わらわは死んでしまうぞ。そしたらそなたの水車は二度と粉を挽けなくなるぞ」とカエルがいった。

粉挽きは水のいっぱい入った桶を持ってきて、そこにカエルを入れた。夜になると、カエルたちがゲコゲコ鳴き始め、ガマたちが山から下りてきて、また戦いが始まった。カエルの女王はガマの王を見るや否や十ピエ（約三メートル）以上飛び上がり、敵に飛びかかった。一晩中またガマとカエルの大殺戮《さつりく》が繰り広げられ、戦いは夜明けとともに終わった。

次の日、動物の言葉のわかる男が再び水車小屋にやってきた。また網に軟膏を塗ると、カエルの女王がかかった。しかし今回は、女王は戦いを終わらせるために、ガマの王と結婚すると約束させられた。ガマの王を迎えに行くと、良い知らせに大喜びでやってきた。

女王はガマの王を見ていった。

「ガマ王よ、そんなに醜いくせに、わらわと結婚したがるなんて」

「醜いかもしれぬが、わしが大地の毒を集めて、そなたを養う水を浄化しているのだぞ」

とガマは答えた。

カエルの女王はガマの王に明日結婚すると約束した。

「ああ、戦さが続いて以来、わらわは千匹以上のカエルを亡くしたわ」

「わしの方は二万匹以上の家来を戦さで失うた」とガマが答えた。

王と女王は、粉挽き夫婦を結婚式に招待していった。

「結婚式の後でほうびをやろう」

翌日の晩、ガマの王が家来を全員引き連れて、最初に池のほとりにやってきた。結婚式のために着飾っていた。赤い目をして、体は鶏の卵くらい大きなボツボツでおおわれていた。それがガマなりのおしゃれで、一番美しい衣装を着てきたのだ。カエルの女王も姿を現した。こちらもとても美しかった。一番美しい緑の衣装をまとっていた。目は腕時計のガラスのように大きく、戦さが終わったというので、カエルたちみんなで歌っていた。

宴は池のほとりで行われた。ガマとカエル風の料理とデザートが出された。粉挽き夫婦と動物の言葉の分かる男のためのテーブルが用意され、食べ物も飲み物も最上のものが並べられた。

食事が終わると、ガマたちがカエルたちを踊りに誘い、ダンスは朝まで続いた。ダンスが終わると、ガマが粉挽きにいった。

「そなたのおかげで、わしはカエルの女王と結婚できた。ほうびに、そなたの土地から全ての蛇を追い払ってやろう。そなたの畑は荒らさせない。いつも豊作になるだろう」

カエルの女王がいった。

「私を生かしておいてくれたほうびに、そなたの池はいつも水をたたえ、水車には小麦があるだろう。二百年前に別の粉挽きが隠した宝をそなたにやろう」

ガマの王とカエルの女王は粉挽きに宝のありかを教えた。そして二匹は一緒に立ち去った。以来、粉挽きの商売は常に順調で、二度とガマの王とカエルの女王を見ることはなかった。（桜井）

4　タコとワタリガラス　ヌートカ（アメリカ）

潮が引いた朝、老人たちが座りこんで海をながめるのはいつものこと。そこへ一人の女が浜辺を歩いて来た。八本の三つ編み髪をたらしたタコ女だ。かごを背負って砂をほじくる棒を持っている。ハマグリをさがしているのだ。波ぎわの石に腰かけ砂を掘りはじめる。ほどなく貝が採れ出した。

男たちがそれを見ていると、だれかが浜を歩いてくる。背の高いテカテカの黒い髪をした男だ。

「見ろよ、ワタリガラスが来たぜ。じっとタコ女を見ている」

「困ったね、タコ女をじゃましないほうがいいんだけど……」

しかし、みんなが思ったとおり、ワタリガラスはタコ女の側へ行って、大声でちょっかいを出しはじめた。

「タコ女よ、何してるんだ？　ハマグリを掘り出してるんかい？」

タコ女は答えない。目もくれないで掘りつづける。ワタリガラスは更に近寄って声を大きくする。

「ハマグリを掘ってるんかい？」

タコ女は黙って掘り続ける。ワタリガラスはうんと近づいて、タコ女のかごに鼻を突っ込み「ハマグリを掘ってるんかい、と聞いているんだ」と叫ぶ。

突然、タコ女は立ちあがり、棒を放り投げた。すると、八本の三つ編み髪が腕になり、四本をワタリガラスの体に巻きつけ、もう四本を側の石に巻きつけた。

「聞いてくれてありがとよ。確かにハマグリ掘りをしていたよ」

ワタリガラスは逃れようともがいたが、ますますきつく巻きつかれる。潮が足元まで満ちてきた。

「タコ女さん、質問に答えてくれてうれしいよ。さあ、行かしておくれ」

しかしタコ女は巻きつけた腕をしめつけた。

「あんたが何度も聞いたから、私は何度も答えるよ。ハマグリを掘っていたのさ」

潮はだんだん深くなり、ワタリガラスの膝までになった。逃げようとするがワタリガラスをつかんだ腕はきつくなる。

「ほんとにいい答えだった。はっきり聞こえたよ。あんたは実にいい仕事をしていた。だから、お願いだ。放してくれ」潮は腰まで高くなる。

「私はハマグリを掘っていたのさ」タコ女はさらに力を入れていう。

「そう何度も答えてくれなくてもいいから逃しておくれよ」

水は首までになり、とうとう頭が沈んで溺れてしまった。息が止まった。

タコ女はワタリガラスを放してやり、ワタリガラスの体は水に浮いてゆれている。

水際で一部始終を見ていた男たちは、ワタリガラスを水から引きあげて、親戚のカラスのところへ運んでやった。カラスは賢くて、どうすればいいか知っている。ワタリガラスは生き返った。

その後、タコとワタリガラスは決してけんかをしない。

（新開）

5　二匹のアザラシ　アイルランド

ある時、アイルランドのメイヨー県のポーチュリーン近くにある、スラタグルという村に住む男が、断崖の下の岩場で釣りをしていて、一匹のアザラシを見つけた。男はアザラシを家に連れて帰り、戸口近くの台所の土間に置いておいた。夕暮れ時になり、あたりが暗くなり始めたころ、近所の男がやってきた。その男は家の主人がその日アザラシを捕まえたことも、そのアザラシが台所の土間にいることも知らなかった。家の中は暗くて何も見えなかったのだ。男は家に入ってくると、家の主人に向かっていった。

「おれがさっき浜辺の断崖のそばで羊の世話をしていたら、誰かがその辺を走り回って大声で何度も何度も叫んでいた。『テイグはどこへ行ったんだ』『テイグはどこへ行ったんだ』『テイグはどこへ行ったんだ』ってね」

　すると、それに答えるかのように、戸口の方から声が聞こえてきた。

「ああ、ブライアンがおれをさがしている」「ブライアンがおれをさがしている」「ブライアンがおれをさがしている」

「いったいぜんたい、今のは誰の声だ」訪ねてきた男がいった。

「おれには、わかっている」アザラシを連れ帰った家の主人はそういって、戸口の外へ出て行った。

　するとそこで、さっきのアザラシが自分を探している仲間のところに行こうと、必死になって身体を引ずっていた。この様子を見た二人の男は驚くと同時に、胸をうたれた。そのとき、家の中からおかみさんが出てきて、家の主人に向かっていった。

「アザラシを早く連れもどすんだ。おまえさんが見つけたところまで連れていって、そこにおいてきてやりな」

　家の主人は、アザラシをそっと抱き上げると、籠の中に入れて、大切に浜辺まで運んでいき、さっきアザラシを見つけた、断崖の下の岩場にある窪みの中においた。

このことがあってから、その男はアザラシを捕まえたり、いじめたりすることは決してなかった。

アザラシは、実は魔法にかけられた人間なのだ。だからアザラシに余計な手出しをしてはいけない。よくないことが起こるからね。


（渡辺洋子）

6　水寄せ　チワン（中国）

禅龍村は、山々の中にある村だ。周囲数里四方には、ひと筋の川もない。小さな山のすそに水溜りがひとつあるだけだ。大きくはない。広さ約五丈平方（約十七平方メートル）、深さは四尺（約一・三メートル）。下から水が湧いてくるわけでもない。こんな少しばかりの水で足りるのかといえば、それにはやり方というものがあるのだ。水がそろそろ涸れそうになると、村人みんなが水溜りのそばに集まって、のどを広げて声を合わせて叫ぶ。「フゥーハイ！　フゥーハイ！」。叫び声は、天地を揺るがし、山々にこだまする。三回目の声も消えないうちから、山すその穴からざあざあとまとまった水が湧き出して、水溜りに注がれ、使う水を得るのだ。土地の人は「水寄せ」と呼ぶ。

叫び声でなぜ水が噴き出すのか。言い伝えによれば、だいぶ前は、山すその一部分と水溜りとはひとつの深い沼だった。大きさは一ムー（約六・七アール）もあり、濃い緑色。日照りでも水は減らず、大雨でも水は増えない。飲むにも使うにも重宝していた。

　ある年のこと。田んぼの苗がうまいぐあいに育った。一本一本が小指の先ほどに太く、葉は緑で油をひいたようにみずみずしい。この風景に村人はうっとりし、秋に黄金色に実った穀物を山のように積み上げるような豊作を思いえがいた。ところがある朝、ある区画の苗が、牛によって大きく喰いあらされているのが見つかった。付近の苗も踏まれて、ひどく折れたり倒れたりしている。みな悔しくて口もきけない。聞いてまわったが、だれの牛も夜は囲いの中にちゃんと閉じ込めてあったという。それから何日もの間、毎朝いつも大きなひとかたまりの苗が牛に喰いあらされているのを見つけるのだった。みなは焦りを感じて、どうしようか相談した。夜になったら、村中の全部の牛をひとつの大きな囲いに集め、村人が交代で見張ることにしよう。

　ところが次の日の朝がくると、またもやひとかたまりの苗が牛に喰いあらされているのが見つかった。牛に踏みあらされたところは、まだ水がにごっている。これではっきりした。毎日苗を食べに来るのは、村の牛ではなかったのだ。しかしここから十数里四方には村などない。牛はどこから来たのか。みな踏みあらされた田を見てひどく腹を立て、だれの牛であろうとひっ捕らえて、必ずや屠ってやることを誓った。

　その晩、村人は大なたや木の棒を持ち、村のはずれや田んぼのそばでこっそりと待ち伏せをした。目を見開き、耳をすませて静かに待ち続ける。夜半過ぎても何事もない。そろそろ空も白むころ、だれもが眠くて重たいまぶたと戦っていた。突然、ざわざわざわという音で、みんなの目が醒めた。頭を上げると、まっ白で大きな水牛が一頭、むしゃむしゃと田の苗を食べているところだった。みな烈火の如く怒り、叫び声を上げると、一斉に飛びかかって行った。手にある大なたや木の棒を振りまわし、大声でどなった。水牛はその勢いに恐れをなし、しっぽを巻き、向きを変えて逃げだした。村人たちは大声で叫びながら、必死で後を追った。水牛は沼の岸まで逃げ込むと、すぐに頭から沼に潜り、見えなくなってしまった。沼の周りで長い間待ったが、水牛が浮かびあがるのを見ることはなかった。これではっきりした。白い水牛は、沼の水が化けたものだったのだ。みんなは相談すると、四の五の言わずに山肌を削り、沼を埋めた。たった半日で、沼はすっかり埋め立てられてしまった。

沼が埋まると、水の妖魔は出て来なくなった。苗も守られた。ところが飲んだり使ったりする水がなくなってしまった。三日が過ぎた。みんな元気がなくなった。また三日たった。碗を持ちあげても飯がのどを通らなくなった。またも三日たった。田んぼは穀物を干す晒し場のようにひからびて、苗はみな黄色く変わり、見ているそばから枯れてしまいそうなありさまだ。どこで水を探したらよいのか。

村一番の年かさで一番もの知りのじいさんが、村のみんなを埋めた沼の周りに集めた。意見を出させて方法を考える。長い話し合いの末、とうとう埋めた沼に、穴をひとつ掘ることに決めた。穴は大きくても小さくてもいけない。水は出られるが、妖魔は出られないようにするためだ。

そんなにはかからずに、小さな穴を掘りおえたが、しかし、水は少しもない。穴の底の土ですらからからにひからびていて、少しの湿り気もない。じいさんはいった。

「きっと妖魔がわしらに腹を立てて、泉の口を塞いでいるのじゃろ」

それを聞いてみんながあわてだした。水がなかったら、渇きと飢えで全員死ぬしかないではないか。どうしたらいいのだ。

じいさんはいった。「むだに死を待つくらいだったら、妖魔を呼び出して、命がけで闘うまでじゃ」

みな大いに賛成した。家に帰って大なたや木の棒をひっつかむと、再び穴のそばに集まった。じいさんが、穴の口に向かって口汚くののしり始めた。半日ののしったが、穴の中には少しの動きもない。じいさんはいった。

「ひとりの声では小さすぎて、聞こえないのじゃろう」

そこで村人みんなが一斉に叫び始めた。殺気に満ちた大声は、天を脅かす雷か、地を揺るがす太鼓のように山々を震わせ、木の枝を乱舞させた。この叫びから間もなく、こことこという響きが聞こえたかと思うと、山すその穴から、ざあざあざあと泉が噴き出してきて、まもなく水溜りをいっぱいにした。

このときから、禅龍村の人々は、水がなくなる心配をしなくなった。ただ水溜りのそばに集まって声をそろえて叫びさえすれば、さらには、銅鑼や太鼓をたたいたり、鉄砲を撃ったり爆竹を鳴らしたりしさえすれば、泉はいつでもざあざあざあと流れ出る。水の妖魔が脅されて肝をつぶし、ただ物音を聞くだけで、あわてて素直に水を差しだすようになったというわけなのだ。（藤沢）

7　エルツォの湖とドラゴン　ジョージア

今、村のあるエルツォの所はかって湖だったという。そこにドラゴンがすみついた、つまり湖はドラゴンのものだった。ドラゴンは餌が足りなくなると陸に這い出てきて、周辺の村を襲った。家畜が見当たらないと人を襲うこともあった。

村々は貧しくなり、人々は嘆いた。みんなが水の怪物を恐れ、でも誰も殺す決心がつかなかった。ドラゴンは依然として家畜を十頭、二十頭とさらい、人にも襲いかかった。すべての村が荒れはててしまった。ある人は子を、ある人は父を、またある人は母や妻を亡くして泣き、嘆きがすべてをつつんだ。

湖から遠いところに強者の中の強者がいた。聖なる名が知られていた、それはクレスト・トロイッツア・聖ゲオルギー。多くのよきことをおこなった。見えない人々を見えるようにし、歩けない人々は歩けるようになった。この聖ゲオルギーに百、二百もの雄牛をささげた。その一部は殺し、一部は蓄えに残した。

その中でも一頭、並はずれた力できわだつ雄牛がいた。「その角はダイヤの鋭さ」といわれた。まっすぐに太陽の光をうけダイヤのようにきらめいた。

神の命によるものか、雄牛は毎夜、自分の群れをはなれ、シュワルジェニ山へ向かい、十三度、その咆哮はあたりにくりかえされた。

聖なる牛の咆哮に答えて、ドラゴンが十三回叫び、シュワルジェニ山に疾走した。

第一夜、両者は朝まで闘った。ドラゴンは牛を倒せず、牛もドラゴンを倒せなかった。夜明け前に両者は離れた。次の夜も同様だった。ドラゴンは再び自分の湖にもどったし、雄牛も教会の柵に疲れて汗みどろでもどった。牧童は驚いて、

「こいつになにがおきたんだ？　なんで汗ぐっしょりなんだ？」

九日間、雄牛はドラゴンと戦い、九日目にドラゴンを負かした、ダイヤの角で腹を突き刺した。ドラゴンはおびえ、東へと向きを変えた。アジェバの川の水がイオリ川へそそぐところ、そこには当時、高い山があった。ドラゴンはその山を頭で崩した。崩して、去った。イオリ川の水の跡をついていって、カスピの海に隠れたのだ。

湖の水もドラゴンの後をついていってしまい、すっかり干上がった。いまはアズジェバ川が流れているだけだ。


（渡辺節子）

8　青龍を助けた男　韓国

長淵郡龍淵面龍井里には龍井という大きな井戸がある。その井戸にはきれいな水がいつでも満々とあふれていた。

むかし、この井戸がある村にキムソンダルという弓をよく射る人がいた。そのキムソンダルがあ

る日夢を見た。白髪のおじいさんがあらわれていった。

「わしはこの龍井に住む青龍だ。ところで、どこからか黄龍が来て、わしの住む龍井を奪おうとしている。その黄龍を追い払おうと戦っているが、わしの力では黄龍にかなわないので、そなた手伝ってくれ」

「わたしがどうやって手助けするのでしょうか」

とキムソンダルがいうと、

「そなたは弓が上手だから、わしが明日まっ昼間、黄龍と戦って黄龍のしっぽを上に打ち上げるのでそのしっぽを射ればいい」と言った。

「そうしよう」と言うと夢から覚めた。

翌日真っ昼間、キムソンダルは弓と矢を担いで龍井に行った。すると龍井は雲に覆われていて、その雲の中に黄龍のしっぽが見えた。キムソンダルが龍を見たのは初めてだったので、そのしっぽがとても恐ろしくて弓を射ることができなかった。しばらくすると、雲がなくなり、龍もいなくなった。その日の夢に、また老人があらわれ、たずねた。

「どうして黄龍を射なかったのだ」

「龍を初めて見たので恐ろしくて射ることができなかった」

するとと老人は「少しも恐ろしいことはない。明日こそきっと射てくれ」とよくよく頼んで消え去った。

翌日の昼、龍井に行くと、雲がわいていて、龍が二匹戦っていた。キムソンダルは気を引き締めて黄龍のしっぽ目がけて弓を射た。すると、黄龍は血を流して逃げ出した。

その夜、老人が夢にあらわれ、「そなたのおかげで黄龍を追い払い、わしは安心して龍井に住むことができるようになった。ありがたい」と礼をいった。

「わしはそなたの恩功に報いよう。望みは何か」とたずねた。

「私には何も望みがありません」とキムソンダルがいうと、老人はいった。

「それではこの前の野原を沃田にしてやるから、それを持つように」といった。

「田んぼを作るなら水がいるが、この前の野原には水がない。どうやって田んぼを作るのか」とキムソンダルがいうと老人は心配いらないといった。

翌日、朝から真っ黒な雨雲がかかり、雷もドロドロ鳴り、稲光がひらめいて雨が滝のように降り注ぎ、その広い荒れ地に散らばっていた岩が一つ残らずなくなった。荒れ地は数千石の沃田になった。

こうしてキムソンダルは大金持ちになり、その子孫は今でもその地に住んでいる。

（辻井）

9　海を沸き立たせる石　漢（中国）

あるところにリュージャンという木樵が母親と南山の麓に暮らしていた。二人の暮らし向きとききたらたいへんに貧しく、リュージャンは薪を取り、そして母親は糸を紡ぎ、機を織って何とか暮らしていた。ある冬のこと、リュージャンは病気になり、山に行くことができなかった。それでもこう思った。

「もし今日薪を取りに行かなければ、明日はもっと大変なことになる。なんとか頑張って山に登らなければ」

一歩一歩進んでいったが、どうにも動けなくなった。ちょうど道ばたに大きな石が見えたので、そこに座ってひと休みした。

しばらく座っていたが、まったく冷たさは感ずることなく、むしろ座っていればいるほど暖かくなり、病気も治ってしまった。リュージャンは大喜びした。いつも母親は藁葺き小屋で糸を紡いでいる。地面はじめじめして、凍えそうな寒い冬でも火を炊くこともできない。まさにこんな石がほしかった。急いで石を担ぎ、家に帰ることにした。

道を曲がってすぐ、杖を手に持った白ひげの老人が尋ねてきた。

「おまえさんが担いでいる石はいったい何かね」

リュージャンはこの暖かい石のことを話した。老人は注意深くその石を見て、いった。

「これは宝の石だ。すごい働きをする石だ。じめじめしたものに触れればすぐに熱くなり、水に触れればすぐに沸き立つ。その名を海沸き石という。これに縄をくりつけて海の中に投げ入れれば

海水を沸き立たせることができるのだ。龍王は熱くてたまらなくなり、すぐにおまえの願いは何か、と聞いてくる。おまえが何か頼めばすぐに応えてくれるだろうよ」

リュージャンは老人の話を聞くと驚いた。喜んで石を抱きかかえて息もつかずに家に帰った。母親に一部始終を話して聞かせた。母親は大喜びして寝つけない。夜が明けるのも待ちきれず、息子を南の海に行かせた。

リュージャンは南の海に来ると、石に縄を固くくくりつけて海に放り込んだ。しばらくして海水は沸き立ってきた。海を巡回していた二人の夜叉が飛び出してきてあわてていった。

「いったい何ものだ？」

リュージャンは答えた。

「私は南山の麓に住む木樵だ。生活が苦しいので、おまえさん方の龍王に少し助けていただきたい」

「どうしてほしいのか」

「雨の漏らない二間の家と、きちんと畳まれた衣類、台所には食べるものと飲み物がそろっていればありがたい」

夜叉はいった。

「ちょっと待っていてくれ。龍王さまにおうかがいしてくるから」

瞬く間に夜叉はまた水から飛び出してくるといった。

「龍王さまはおまえの願いを聞き入れてくださった。さっさと帰るがよい」

リュージャンが南山の麓に帰ってみると、果たして、元の藁葺きの家は新しい家にかわっていた。きれいな家には多くの衣類がきっちり整えられており、台所には食べ物も飲み物もたくさんあった。母と息子は二度と生活の心配をしなくて済んだ。しかし母親の心には別の心配も起きた。

「息子はもうすぐ三十歳になろうとしている。しかしいまだに嫁の来手がない」

母親は夜も眠れなかった。もうすぐ夜が明けようとするとき、息子に言った。

「おまえのおかげで、今や生活も本当に楽になってきた。ただ、おまえがいまだに独り身なのが、私は気になって仕方ないのだよ。夜が明けたらもう一度南の海へ行って、龍王に嫁を頼んでごらんよ」

朝ご飯を食べるとリュージャンは前と同じように南の海辺に行った。石を投げるとすぐに海が沸き立ってきた。あの二人の夜叉が熱い海から飛び出してきてあわてて聞いてきた。

「どうしてまた来た？」

リュージャンは答えた。

「今日来たのは、ただ嫁がほしいからなんだ。これでもう来ないから」

夜叉は龍王におうかがいを立てた。龍王は眉間にしわを寄せたが、最後に自分の娘をリュージャンに嫁がせることにした。

リュージャンが家に帰ると、果たして家には美しい女性がいて、手には水仙の花束を持っていて恥ずかしそうに迎えに出てきた。

「リューさまお帰りなさいませ」すっと水仙の花束を渡していった。「この水仙の花を門のところに置いて下さい。魔物を追い払ってくれます」

ほどなくして、リュージャンが海沸き石で龍王の娘を嫁にしたことが村の金持ちに知れた。金持ちはリュージャンのところに来るとその宝の石を求めた。リュージャンが断ると、金持ちは大勢の人で家を取り囲み、その宝の石を奪い去った。金持ちはその石を南海に放り投げた。

あの夜叉がまた大あわてで海からでてくると金持ちに何がほしいか聞いた。金持ちはいった。

「銀の瓦をのせた金の家がほしい。それに龍王の娘を妾にしたい」

龍王はその申し出を聞くと激しくののしった。

「大馬鹿者め、何という強欲者か」

即座に金持ちを片づけてしまうよう夜叉に命じた。夜叉たちは命令に従うと海をでて、何もいわずに金持ちを海中に放り込んだ。さらに銅でできた槌を振り上げると宝の石を粉々にした。

これから宝の石は鵞卵石に変わった。どんどん増えていき、大小の石が砂浜を埋め尽くした。毎日夕日が海の西に沈むころ、海面には金持ちのどす黒い赤い血の色が映る。そして浜辺の鵞卵石は今も変わらずぽかぽか暖かい。

（三倉）

10　魚と漁師　フランス

昔、ひとりの年とった漁師が魚を獲ろうとして船のまわりに餌をまいたが無駄で、一匹も寄ってこなかった。錨を引きあげて別のよさそうな場所へ移動しようとしたとき、魚の大群が船の近くに現れた。漁師は網を投げて引っ張りあげた。すると網の底に小さな金色の魚がいて漁師に向かって口をきいた。

「こんにちは、漁師さん、釣針に引っかけてある餌をちょうだいしようと思いましてね。だからわたしは捕まったんですね。もし海にもどしてくれるなら好きなだけ魚を獲れるようにしてあげますよ。わたしを呼びさえすればいいんです。わたしは魚の王さまですからいくらでも魚を獲らせてあげますよ」

漁師は小さな金の魚を海にもどしてやった。それ以来、漁に出るたびに好きなだけ魚を獲ることができた。悪魔と契約したと噂されたくらいだった。

ある日漁師が海に出ていたとき、嵐が起こって船が転覆した。あやうく溺れかけたとき、小さな金の魚がやってきた。

「怖がらなくてもだいじょうぶですよ。わたしがお助けに来ました。このリキュール酒を少し飲んでください」

金の魚が差し出した酒を飲んだとたん、漁師は海の底に沈んで行くのを感じたが、すぐに陸にいるときと同じように楽になった。魚の王さまに連れられてまもなく首都に到着したが、それは波の下に造られた美しい都だった。そこにはありとあらゆる魚がいて、通りは金や宝石やダイヤモンドで舗装されていた。漁師はそれらをポケットいっぱいに詰め込んだ。

「漁師さん、わたしたちとここにいるのに飽きたらいつでもいってください」と魚の王さまがいった。

「ああ、いつまでもここにいたいですよ、なにもかも素晴らしいから。でもわたしには妻と子どもたちがいて、きっとわたしが溺れたと思っているでしょう」

王さまは笛を吹いた。するとすぐに大きなマグロが現れた。

「マグロよ、いいか、この漁師さんはおまえの背に乗って行く。おまえは岩の上に漁師さんを運んで、ほかの漁師たちが見つけて助けにこられるようにするんだ」

魚の都を離れるとき、住人の魚たちがみなやってきて別れの挨拶をした。王さまは漁師に財布を渡していった。

「金貨のつまった財布をあげます。中からルイ金貨を一枚とり出すたびに別の一枚が補充されるので決して空になることはありません」

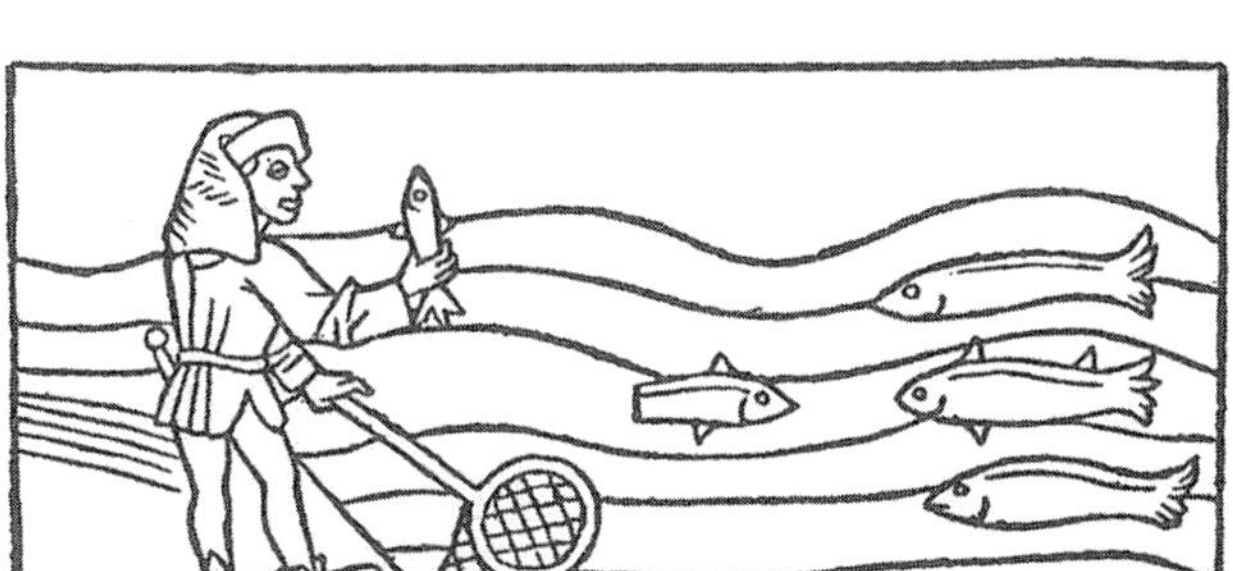

漁師は王さまにお礼をいってマグロの背に乗り、自分の村が見える岩の上まで連れていってもらった。大きく腕を振って合図を続け、気づいた漁師たちが船を出して迎えにやってきた。漁師たちは岩に近づくと、最初は幽霊がいるのかと思った。なぜなら船が転覆して漁師が海に沈んだのは半年も前のことだったからだ。それを聞いた漁師はひどく驚いた。水中の世界にいたのはたったの一日だと信じていたからだ。

漁師は仲間たちに魚の王国の首都を見てきたと語った。無事の帰還を祝って村では宴会とダンスが一週間続いた。尽きることのない財布を手に入れた漁師はもはや船に乗ることもなく、家族とともに陸の上で暮らした。死んでいなけりゃまだ生きているよ。

（新倉）

11 魔法の魚　ポルトガル

女がいた。女には息子が一人いたが愚かでなまけものだった。かわいそうな母！　息子は食べるだけだ。ある日隣の若者が森に薪拾いに行くというので、母親は「うちの馬鹿息子を連れて行って、薪の束の作り方を教えておくれ」と頼んだ。山に着くと、隣の若者は薪束を二つこしらえたが、息子は小川のほとりで遊び始めた。何も考えずにぼうっとしていたら、小さな魚が見えた。魚が息子の裾で跳ねたので、手を出した。魚は息子につかまったと知って。こう訴えた。

「お礼をするから殺さないで。何か欲しかったら、『神さまそして私の魚ちゃん、私にこれこれをください』といえば、望むものは何でも出てくるわ」

驚いた息子は魚を手から小川に落とし、魚はすぐに見えなくなった。隣の若者が呼びに来て、息子の分の薪束を担ぐようにいった。薪束が重かったので息子がいった。

「神さまそして私の魚ちゃん、私を薪束にまたがらせてください」

息子が薪束にまたがると、薪束は森の中を走り抜け、町に行き、母親の家まで行った。

ちょうど王が宮殿の窓辺にいて、この光景にびっくりして娘を呼んだ。

「ごらん、馬鹿息子が薪にまたがっているよ」

王女は息子を見て大笑いをした。すると息子は小さい声でいった。

「神さまそして私の魚ちゃん、王女様に私の子どもができますように」

しばらくして王女の具合が悪くなった。医者はみな、王女が懐妊しているといった。王はがっかりして、王女にこの恥の原因となったのは誰かときいた。王女はどうしても説明がつかないといいはった。王は「王女の子の父だと告白したものを、王女と結婚させる」とのおふれを出した。

数日後、息子が王宮に来た。

「陛下に私めが王女さまの子の父である、と申し上げに参りました」

王は驚き、王女はそう聞いてもわけがわからなかった。

息子が事の次第を説明すると、確かめようとして王がいった。

「では魚ちゃんにたくさんの金を出させてくれ」

すると、四方から大金が落ちてきた。

「では魚ちゃんに、おまえを完璧で賢い若者にしてもらってくれ」

馬鹿息子はすぐにどの王子たちよりもハンサムな若者になった。王女と結婚して、賢く国を治めた。

ATU675（紺野）

12　金の魚　　ドイツ

シュレスヴィヒの中州に住んでいる二人の貧しい漁師が、ひと晩じゅう漁をしていたが、最後の網もまた空っぽだった。

がっかりして二人が家に帰ろうとしたとき、たびたびそのあたりの漁師の前に姿をみせる黒いグレート(注)が二人の前にあらわれた。グレートは、ハデビィに近いダンネベルクの、グレートがマルグレーテの堤防と呼ぶ対岸からやってきて、パールやダイヤモンドで飾り立てた宮廷のような華やかさに身を包んでいた。しかしいつも黒い式服で、以前グレートがフーズム城のいわゆるマルグレーテ広間にいたときそのままの身なりだった。そして、グレートは漁師たちに話しかけた。

「網をもう一度投げてごらん。いい漁になるだろう。だけど、獲った最上の魚は水に返さなければならないよ」

漁師たちは約束をして、グレートがいった通りにした。つかまえた魚は有り余るほどで、小舟になんとか乗せることができた。

魚のうちの一匹には鱗の代わりに金貨、ひれにはエメラルド、鼻の上には真珠がついていた。

「これが一番の魚だ」

と一人の漁師がいって、この魚を水に入れようとした。

ところがもう一人がこれを邪魔して、グレートに見つからないようにこの魚をほかの魚の山の下に隠した。それから不安になって大急ぎで小舟をこいだ。連れはいやいやこの漁師にしたがった。

しかし、二人が進むにつれ、舟の中の魚たちがだんだん金のようにきらきら輝きはじめた。金の魚がほかの魚も金にしたからだ。そして、小舟はどんどん重くなり、ついには深みに沈んだ。舟は悪い漁師もろとも深みへと沈んで行った。

もう一人の漁師はこの苦境から逃れて、この話をホルムの漁師たちに語った。

注　十三世紀にデンマークを支配していた女王マルグレート・ザンビリアといわれる。（高津）

13　ボミア池の怪魚　イギリス〈イングランド〉

ボミア池の伝説には、私たちがこれまでに出会ったものとはまったく異なった種類の水の生き物が登場する。この生き物は、もちろん、水の魔女のように池の下の世界に住むのではなく、水中に住んでいる。これまでに泳いだどんな魚よりも大きく、一本の剣を脇にさしていて、誰にも捕まえられない。

一度、この魚を捕まえようとしたことがあった。大きな網が運ばれ、怪魚はその中にからめとられ、もう少しで岸へ連れてこられそうになったが、剣を抜いて網を切って逃げた。それで漁師たちは鉄の輪で網を作り、怪魚を捕まえた。魚は今度は本当に岸まで運ばれたが、再び不思議な剣を使って抜けだし、水の中に滑りこんで逃げた。この奇妙な光景に人々は恐れをなして、二度と怪魚を捕まえようとはしなかった。怪魚はその後も剣を身につけて池の浅いところでひなたぼっこをしていたのだが。

しかし、怪魚はいつかは剣を手放すだろう。とはいえ、コンドーバー・ホールの正当な跡継ぎがやって来て受け取るまでは、そんなことは起こらないはずだ。その跡継ぎはたやすく剣を扱えるが、他には誰も受け取れる者はいない。なぜなら、その剣はほかならぬワイルド・エドリックの剣だからだ。エドリックが姿を消したときに、剣は魚に預けられ、エドリックの正当な跡継ぎ以外は決して取りもどせない。

ワイルド・エドリックはコンドーバー・ホールで生まれたといわれていて、ホールはエドリックの一家のものであるはずなのだが、エドリックの子どもたちは財産をだまし取られ、そのため、今日にいたるまでホールには運がない。その時からずっと呪いがホールにかかっているのだ。地所の所有者が変わるたび、新しい地主が地代を二度受け取ることは決してないだろう。歴史をよく知っている人たちは、必ずそのようなことになったと教えてくれることだろう。

（岩倉）

14　魔法の池　ドイツ

昔、漁師たちが魚を取り出そうと、ブリューゲル村にある魔法の池の水を抜いた。そこに黄色い頬と赤い目をした見知らぬ女が来て、あいさつもなしにぬかるみに入り、一番大きな魚を取りだした。

ひとりの漁師が腹を立てて叫んだ。

「やめろ。魔女め。おれの魚だ。欲しかったら地獄の悪魔からもらえよ！」

この言葉に女は怒ってヒキガエルのようにふくらんだ。そして立ち去るときに赤い目で漁師を横目で見て、こういった。

「これがおまえたちの最後の獲物だ。今からこの池はわたしのもの。おまえたちは二度と魚を取りだせないだろう」

それ以来、この呪いが魔法の池にかかった。それで、魚が泳いでいるのがよく見えていても、魚を取り出そうと水を抜くと、池の底にはなにもなかった。

（杉本）

15 百匹目の魚 ドイツ

メクレンブルクのパルヒムにブナの森に囲まれた美しい湖があり、昔、その湖にニノヴェの町が沈んだといわれていた。

その町の人々はその湖で釣りをすることが禁じられていた。それにもかかわらず、ある晩、町の漁師たちが荷馬車に小舟を乗せて湖まで運び、夜釣りをはじめた。漁師たちが網を引きあげようとするととても重くて、持ち上げることができなかった。のぞき込むと大きなカワカマスがかかっていた。それはたっぷり数ツェントナー（一ツェントナー＝五十キログラム）以上の重さはあった。そこで、漁師たちは苦労してなんとか小舟に引き上げることができた。

そのとき、湖がものすごく騒がしく荒れ狂いはじめた。漁師たちは豚をおびき寄せるときの「ヌッチェ、ヌッチェ！」という娘の声を聞いた。

すると、男の声がたずねた。

「おい、みんなを集めたか？」

それに対して、また最初の声が答えた。

「ええ、わたしのところに九十九いるけど、まだ目がひとつしかないボルヒがいないわ」

そして、再び娘の声が、「ヌッチェ、ヌッチェ！」と叫んだ。

そのとき、突然カワカマスが小舟から荒々しく飛び出して、こう叫んだ。

「わしはここにいる、ここにいるぞ！」

それから、すぐにすべての騒ぎがおさまって、物音ひとつしなくなった。


（杉本）

16　グールデー湿地の洗濯女　フランス

昔、ディナン近くのグールデー湿地の堀で洗濯する夜の洗濯女がいた。何人かの者が見たことがあるが、そのうちの一人に、数年前に亡くなった日雇い女がいた。その女が語ったあの世の洗濯女との出会いは次のような話だった。

「ある朝、自分の下着を洗うために日の出前に起きて行きました。洗濯用の板を持ってグールデー湿地に着くと、一人の女が堀の石の上で洗濯していました。あら、わたしより早起きがいるんだわ、そう思いました。それで自分の場所を決めようと斜面を下りて行ったんです。でもそれほど

洗濯する女

行かないうちに、その女が振り返って叩き棒を握った腕を私のほうに伸ばしてきたんです。それ以上近づいてはだめだといわんばかりにね。私だって近づく気にはなりませんでしたよ。だって見たんですもの。その洗濯女は骸骨の顔をしてたんです」

（新倉）

17 湖の中の司祭　ドイツ（現ポーランド）

むかし、ポーヴィッツの湖にひとりの漁師がいて、いつものように網で漁をしていた。漁師は網を上げようとした。ところがかなりの重さなので、早合点してこれは大漁だと喜んだ。ところがそれはぬか喜びで、網を岸辺に引き上げてみると、ちょっとしか魚がはいっていない。ところが、その下に非常に奇妙な姿かたちのものがあった。それは人間と同じくらいの大きさのもので、半分が人間、半分が魚なのだ。

最初に、漁師がその顔を見たとき、溺死者だと勘違いした。ところが、それは頭に司祭冠をかぶっており、それだけではなく司祭の衣服を身に付けている。

それはしゃべり始めた。でも、漁師には何を言っているのかわからない。というのもそれはラテン語だったのだ。とたんに猟師はとてつもない不安にかられ、逃げ出した。

次の朝、その漁師の代わりにほかの者が漁をしに行ったが、同じことが起こった。

何週間たっても同じだった。その漁師は魚が一匹も獲れないので、稼ぎがなくなってしまった。

そうこうするうちに、土地の司祭にそのことが耳に入った。その当時ポーヴィッツの聖職者だった人だ。司祭はほかの者たちと湖まででかけて、網をあげさせた。

あのめずらしい魚がまた現れたので司祭はその魚と言葉を交わした。そして、魚もその教会の司祭だったということを知った。

「もう二百年も湖にいるのだが、生前にあまりに酒を飲み過ぎて、その湖に住むようにされてしまったのだ」と、魚はいった。

最初にミサを行ったというその教会の鐘の音が鳴らなくなるまで、そこにとどまらなければならない、それにはたぶんあと三百年はかかるにちがいない、というのだった。

贖罪の業を邪魔しないようにと、この期間、漁師たちは湖で漁をすることが禁止された。

（星野）

18　黒い湖のしゃべる魚　ドイツ（現チェコ）

〈ボヘミアの森〉は石のように動かなくなってしまった巨人なのだといわれている。これから先、ボヘミアに敵が攻めてきたら、起き上がって一人残らず打ち負かすのだと。

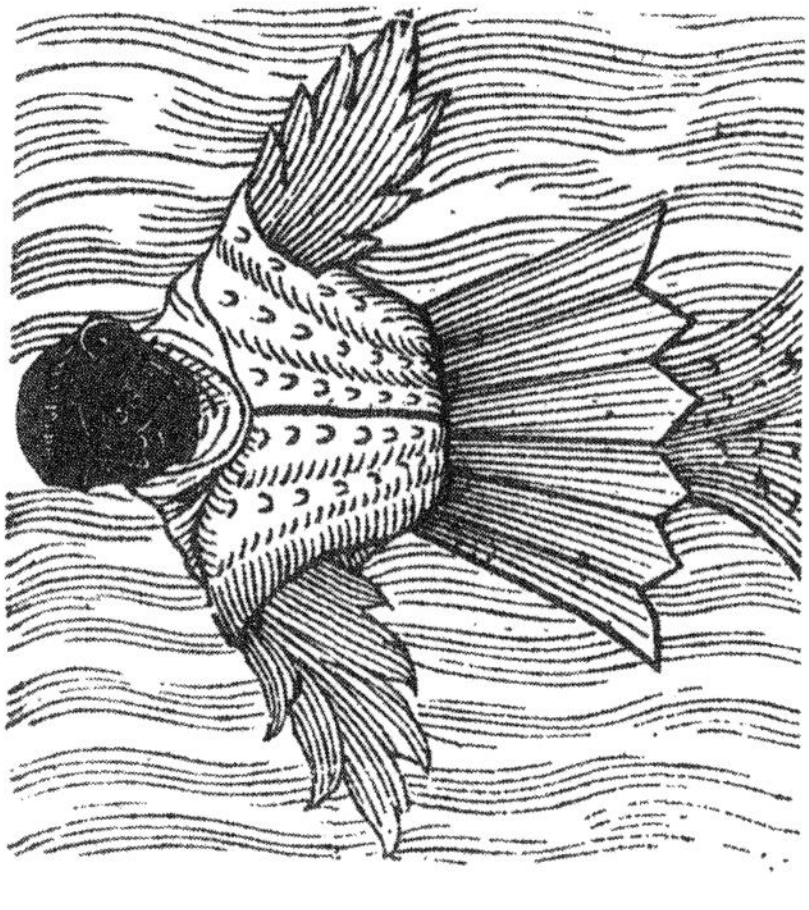

この奥深い森の中、岩に囲まれたところに、いくつかの深くて暗い湖がある。そのひとつが黒い湖だ。飲むことのできない水をたたえたこの湖の場所には、昔、ある町があったそうだ。その町の住民は罪や冒瀆によって神の怒りを買い、まるごと湖の底に沈められてしまったのだ。

この湖に石を投げると、石は即座に投げた者のところに戻ってくる。湖にいる魚は奇妙な色をしているが、その魚はかって湖に沈んでしまった町の住民なのだ。だから魚はしゃべることもできる。

あるときひとりの男が黒い湖へ行って魚を獲って、それを全部木の桶へ入れた。その帰り道、突然、男は桶の中の魚がしゃべるのを聞いた。びっくりした男は大あわてで魚を湖に戻した。ところが、男が空になった入れ物を見ると、そこにはたくさんの金のかけらがあった。魚をつかまえたけれど、それを放したからだった。

別の漁師の話だが、たぶんその男は耳がよく聞こえないか、またはまったく聞こえないかのどちらかだった。それで、黒い湖で獲れた一匹の魚がしゃべっていることがわからなかったらしく、その魚をクルンマウにあるお城まで持っていってしまった。

料理長がその魚をフライパンの上にのせたとたん、とつぜん調理場の壁が開き、魚はぽんと飛びはねた。そして城壁の中に消えてしまった。調理場の壁はすぐに元どおりになった。

（星野）

コラム　水に棲む妖怪たち

水に棲む不思議な生き物として、女性の人魚がもっともよく知られ、人々はその神秘性と美しさに大いに想像をかきたてられてきたことだろう。地域によってその呼び名はさまざまだが、人魚の上半身は人間の若い女性、下半身は長い魚の尾をしている、夏の夕暮れどきに海、川、湖の岸辺に現れ、長い髪の毛を金の櫛でとかし、美しい声で歌う。また、岸辺や湿った草むらで輪になって踊るといわれている。アンデルセンによる創作童話「人魚姫」が広く読まれているが、ヨーロッパ各地に伝承による話が残されている。

ドイツでは人魚は魔法にかけられた王女であるともいわれ、また人が近づくと衣で人間の目をほとんどおおってしまうために、きちんと姿を見た者はいないという。また近くで見た者はひどく衰弱してしまうか、水の中に引きずり込まれるなど恐ろしい面も伝えられている。

ドイツでは川、湖、池などに棲む妖怪として「水の精」の話がたくさん伝えられている。ハイネの詩に歌われた「ローレライ」も水の精といわれている。水の精は姿、形が人間と変わらないため、普通に村人たちと親しく話をすることもあるが、着物の裾がぬれていることなどから、村人は薄々気づいて、湖から来るのだろうと噂しあった。水の精の娘は透き通るような白い肌、美しい声で村に住む若者を夢中にさせるが、若いふたりが結ばれることはないようだ。門限に遅れた娘は厳しい父親に罰せられたのか、翌朝湖の水が赤く染まるなど、悲しい結末が知らされる話がある。水の精の父親や兄弟が、娘の恋人になった若者の命を奪うこともある。

水の精の男性は、悪魔のように紳士の姿で現れる場合もあるが、多くは小柄で緑の歯をして緑、または赤色の帽子をかぶっていると伝えられている。人間の若い娘をさらって自分の妻にし、その出産には夫である水の精やその使いが人間の産婆を迎えにいく。

水が分かれて階段を下りると、水底には人間の世界と同じようなりっぱな宮殿がある。その宮殿には溺死者の魂が保管されているといわれている。また毎年無垢の生け贄を要求するともいわれている。

わが子が生まれたことを知らない父親が、大漁と引き換えに約束してしまった子ども、また水の精をからかったり、怒らせたりした者は、どんなに気をつけていても、どんなに小さな水たまりでも、いつかは水の中に引き込まれ、命を落としてしまう。水の精から逃れることができないという話も数多くある。

本来、水の住人である魚、カエル、ガマ、アザラシなども妖怪としての力を発揮することがある。ごく自然に言葉を話す魚、漁師に放してくれと頼む魚。願いを聞き入れて水に放してやれば、その後大漁に恵まれ、大きな富をもたらしてくれる。しかし、願いを無視した者は水に呑まれて命を落とすことになる。また多くの湖や池には主といわれる魚が棲みついている。怒らせたりしたらひどい目にあう。妖怪的存在といえるだろう。人間が助けられることもあるが、人々は水の中の見えない存在におびえながら暮らしてきたことだろう。

（杉本）

6章　水に沈んだ町

1　海に沈んだ町レガミュンデ　　ドイツ

レガ川の河口に、昔、大きくはなかったが豊かな商業都市、レガミュンデという町があった。現在のトレプトワ港に属していたそうだ。

この町の人々は自分たちの富のためにとても尊大になって、ついには自分たちの神さまキリストをあざ笑った。そこで天の怒りが町をおそった。ある夜突然ひどい嵐が起こり、町中が海の底に引きずり込まれた。町はとても深く沈んだので、もはやその町についてはなにも見ることができない。そして、トロプトワの近くにある、いわゆるレガミュンデ草原だけが、その町を思い起こさせる。

教会の鐘だけ助かったそうで、人々はローベ教会にある鐘が沈んだ町の鐘だといっている。(杉本)

2　フォラベリー教会の鐘　　イギリス〈イングランド〉

フォラベリー教区は一マイル四方にも満たないが、今ではボスカースルの町と港の主要な部分を含んでいる。その教区の住民たちは、隣のティンタジェル教会の鐘にひけをとらない鐘をひとそろい持つことに決めた。ティンタジェル教会の鐘は、アーサー王の結婚式の時には陽気に、王の死に際してはおごそかに鳴り響いたと言われている。

鐘は鋳造され、祝福され、フォラベリーへ向かう船に積みこまれた。これ以上はないほどの順調な航海で、船はよい風をうけてコーンウォルの北の岸をすべるように進み、ボットローの港に無事入れるようにと潮を待っていた。

夕べの鐘がティンタジェルで鳴り、水先案内人はその祝福された音色を聞いて、信心深く十字を切り、ひざまずいて、それまでの安全ですみやかな航海を神に感謝した。

船長はそれを「迷信だ」と言って水先案内人を笑い、はやく着いたことを感謝するなら自分たちに感謝しろ、おれが舵を取りおれの判断に従えば無事に上陸できるはずだ、と言い放った。水先案内人は神を軽んじる船長の言葉をさえぎったが、よこしまな船長は、すべては自分と部下たちのおかげなのだと、さらに冒涜するようなことを言って、案内人の祈りを笑ってばかにした。案内人は「神があんたをお許しくださるように」と答えただけだった。

コーンウォルの北海岸にくわしい人たちならよく知っていることだろうが、時々、広い大西洋の不思議な力によって巨大な波が引きおこされ、押しよせてきて、すごい力で何もかものみこんでしまう。

船長の悪態がまだ終わらないうちに、そして、岸にいる住民たちが、あと一時間もしないうちに自分

たちの鐘を積んだ船が無事に入港すると、心待ちにして崖の上で眺めている間に、その大きなうねりが見えた。巨大な波が恐ろしい勢いで近づいてきた。船は進んでくる波に乗るどころではなく、転覆して、陸地の近くで瞬く間に沈んだ。

船が沈むときに、鐘がこもった音で鳴り響くのが聞こえた。まるで船と船員たちの弔いの鐘のようだった。水先案内人だけが生き残った。

嵐が近づくときには、そして嵐のときにだけ、フォラベリーの鐘の鈍いこもった音が、海のうねりの下から聞こえ、よこしまな心を持つ者への警告になっている。今日にいたるまで、教会の塔からは鐘の音が聞こえることはない。

（岩倉）

3　沈んだ町の鐘　アイルランド

アイルランドの中西部クレア県の沿岸にある有名な観光地モハーの断崖と、それよりずっと南にあるバラードの断崖の間には、かつて長い農地が伸びていて、いくつもの町や村があり、家が点在していた。その中で一番大きい町は、キルスタヴィーンだった。キルスタヴィーンには大きな修道院があった。しかしそのような神に仕える僧たちの家があるにもかかわらず、この町にはよくないことばかり起きていた。毎週開かれる市では、泥棒や強盗が正直な商人から物を盗み、町の通りには酔っ払いがうろつき、家の中では言い争いがたえなかった。

ところが修道院の僧たちは、このような町のありさまを目の当たりにしていながら、情けないことに、それをやめさせるどころか、注意することさえしなかったのだ。

しかし、とうとう神がこの町に天罰を与える日が来た。ある時、キルスタヴィーンを囲む広い地域に地震が起こり、モハーの断崖とバラードの断崖の間の地域はずたずたに引き裂かれ、キルスタヴィーンの町は家も修道院もすべて海の中に崩れ落ちて沈んでしまった。地震は夜遅く、人々が寝ている時に襲ったから、キルスタヴィーンの町では誰一人助からずに溺れてしまった。

わたしはこの話を年寄りたちから聞いた。そしてその人たちはキルスタヴィーンの町は今でも、現在モハーの近くにあるラヒンチという町の南側にある湾の底に沈んでいて、良く晴れて、海が穏やかな日には、海面の真下に、家のくずれた壁や、教会の尖塔を見ることがあると話していた。しかし、海底の町を見るのは不吉な兆しで、見たものの死を予告しているのだ、ともいっていた。なぜなら、キルスタヴィーンの町は地震で死んだ者たちの亡霊が住む町だったからだ。キルスタヴィーンの漁師たちは、今も海底にあるというくずれた家や、雑草に覆われた修道院の廃墟や尖塔を見るのを恐れて暮らしていて、海の彼方から鐘の音が聞こえてきたように思うと、それがどんなにかすかな音でも、そしてその日海がどんなに穏やかでも、決して漁に出ることはなかった。

わたしがこのような話をしているのは、実際にそのことを裏づける出来事に遭遇したからだ。

それは私が十四歳の、ある晴れた夏の日だった。わたしは数人の漁師と釣り船に乗って、クレア県の南のデューンベッグという町から、モハーの断崖の北にある、ゴールウェイ湾に向かっていた。

海は穏やかで、鏡のように澄みわたっていた。魚の群れが泳いでいるのが見えたので、わたしたちは網を下した。

その時、海の底からかすかに鐘の音が聞こえてきたように思ったので、耳をすましたが、再び聞こえてこなかった。その直後だった。船尾から叫び声が起った。

「キルスタヴィーンだ！　キルスタヴィーンだ！　神よお守りください」

驚いて振り向くと、船尾にいた一人の男が、水底を震える手で指さしていた。わたしたち若いものたちは、その男の方へ走り寄ったが、年寄りたちは顔をそむけていた。わたしたちは目を凝らして男の指の先をみたが、太陽に照らされて輝く水面のほかには何も見えなかった。しかし男は指をさし続けて叫んでいた。

「おまえたち、見えないのか。ほら、家の壁や教会の塔が見える。あれはキルスタヴィーンの町にちがいない」

その時だった、突然、どこからともなく大きな波が船尾に襲いかかると、震える男をさらっていった。不思議なことに残りの者たちは、波にぬれることもなく、ただその場に立ちつくしていた。海はまたすぐに静かになった。わたしたちは男を探したが、どこにもいなかった。

悲しみに打ちひしがれて、デューンベッグに戻った若い者たちに、年寄りが海底に沈んだキルスタヴィーンの町の話をしてくれた。そして海の底に沈んだ町を見た者は、その後必ず死ぬと言うことも。

わたしはあの時、かすかに鐘の音を聞いたように思ったが、幸いまだ生きている。しかしこれは本当にあった話なのだ。このような話を聞くと、「ばかばかしい。海の男は迷信ぶかいんだ」といって、一笑にふす者もいるかもしれない。しかし本当のことは誰も知らない。海は危険であると同時に、不可思議なところだ。あの深みは、まだまだ分からないことをいっぱい秘めている。

＊キルスタヴィーンの町の金の鍵が、「コナン」という名前の戦士の墓に埋められていて、その鍵が見つかったときには、キルスタヴィーンは海底から再び元の姿を現し、鍵を見つけたものがその町の持ち主になるだろうという言い伝えがあった。しかし墓の中に鍵を見つけることはできなかった。

（渡辺洋子）

4　乙女の湖　ドイツ

昔、むかしのこと、フレンスブルクの近くにあるマリアという林に城があり、そこには乱暴な騎士が住みついていた。騎士は長い間だらしのない生活を続けていた。あたりの娘たちはさらわれて、辱められて、家族のもとに戻ることはなかった。そういうわけで、ある夜、城は中にあったものすべてと共に沈んだ。ひとり下働きの娘だけが逃げて、後にその林は教会のものになった。

城のあった場所は湖になった。昼どき、太陽が輝くときに、湖の中に今でも搭の先端が見える。そして、人々は湖からの響いてくる鐘の音を何度も耳にした。しかし、真夜中には誘拐され辱められた乙女たちが、長く白い衣をまとい、湖畔の回りを踊りまわっている。そのとき、娘たちが嘆くような声で、実に悲しい歌をうたうのが聞こえる。

（杉本）

5　城を水没させた井戸

イギリス〈スコットランド〉

サザランド州のとある場所に、悪い男の城塞があった。この城塞の中心には井戸があって、男とその手下たちに絶えず水を供給していた。城塞が敵に包囲されたときには、井戸ははかり知れない価値があった。

だがある晩、井戸が急に水かさを増していった。城塞は窪地にあったので、あふれた水をどうすることもできなかった。次の日も水かさはどんどん増していき、城塞の一階部分を水浸しにした。そして三日目には建物はすっかり水の中に沈んでしまい、悪い男と手下たちのねじろがあった場所は深い湖になってしまったのである。

晴れた穏やかな日には、水面のはるか下に切妻屋根や煙突が一、二本見えることがある。

サザランドにはこんな話もある。何年もこの湖で漁をしてきた漁師がいた。あるとき岸に生えているアシの間からひとりのこびとが出てきていった。

「もうここで釣りをするんじゃないぞ。この湖には、魚の数よりその魚で養わなきゃならない口のほうが多いんだからな！」

こういうと、こびとはアシの間に消えたそうだ。

こんなことがあっても漁師は漁をやめなかった。だが漁師は、よくこうもらしていたそうだ。あれから、風がさーっと吹いて、岸辺のアシがざわざわっと揺れるたびに、またあのこびとが出てくるんじゃないかと思ってぞっとするんだと。

（岩瀬）

6　小鳥の導き　イギリス〈ウェールズ〉

言い伝えによると、ベラ湖はいくつかの悪の宮殿が滅びて沈んだ墓にほかならないという。年老いた船乗りの中には、収穫期の静かな月明かりの夜に、水底に廃虚の塔が見え、時にはかすかな声が聞こえるという者もいる。声は「報いがあるぞ」と言い、別の声が「それはいつだ？」とたずねる。すると最初の声が「三代目に」と答える。その声は忘却のかなたからの記憶にほかならない。

それはこういうことだ。

昔、その宮殿の一つに暴虐非道な領主がいた。「殺したい者は殺し、生かしておきたい者は生かしておいた」という有名な言葉のとおりだった。貧しい農民に対する非道で残酷なふるまいは、いたるところで知られていた。領主は庭で夏の朝の風を楽しんでいるとき、「報いがあるぞ」という声を聞くことがよくあった。だが、領主はこの脅しを恐れることもなく、いつも鼻で笑っていた。

ある晩、近くの丘に住む貧しいハープ弾きの男が、この領主の宮殿に来るよう命じられた。来る道々、男は領主の息子に初めての子どもが生まれて、たいそうな宴会があるときかされた。宮殿に着いてみると、客の多さに度肝を抜かれた。客の中には、身分の高い領主、王侯、姫たちもまじっており、それまでどんな宴会でも見たこともないような華やかさだった。ハープの演奏を始めると、紳士淑女が音楽にあわせて踊り、すばらしい光景だった。陽気な笑いも酒もたっぷり、男が演奏を楽しむ以上に、客たちはハープの音楽で踊りを楽しんだ。

だが、真夜中近くなって、踊りの合間に、ハープ弾きがひとりで部屋の片隅にいたとき、突然、耳元でささやくように歌う声が聞こえた。「報いだ！　報いだ！」とっさに振り返ると、一羽の小鳥が頭上を飛び回って、まるでついてこいとでもいうように、招くようなしぐさをしているのだった。男はできる限りのはやさで小鳥についていったが、宮殿から出た後で、ためらいの気持ちがおこった。

だが小鳥は男を誘い、物悲しげな声で「報いだ！　報いだ！」と歌い続けた。従わずにいるのも不安に思ったので、男は湿地を越え薮を抜けて進んでいった。その間小鳥はずっと前を飛び、一番歩きやすくて安全な道を通って男を導いていった。しかし、一瞬でも立ち止まると、前と同じ悲しげな「報いだ！　報いだ！」という歌を、よりいっそう切なく悲しい調子で歌うのだった。

そうこうするうち、宮殿からかなり離れた丘の頂上にたどりついた。ハープ弾きは疲れて、思い切ってもう一度立ち止まって休んだ。しかし、もう小鳥の警告は聞こえなかった。耳をすましても、近くの小川がさらさら流れる音のほかは何も聞こえなかった。宮殿の宴会からこんな遠く離れたところまで小鳥についてきてしまうとは、なんとばかなことをしたものだという気がしてきて、次のダンスに間に合うように宮殿にもどろうと引き返した。丘の上を歩き回るうちに道に迷ってしまい、夜が明けるのを待つほかなくなった。

朝になって、ハープ弾きが宮殿の方を見てみると、宮殿はあとかたもなくなっていた。下はすべて、穏やかで大きな湖になっていて、自分のハープが水面に浮かんでいた。（岩倉）

7　流れてきた聖書　デンマーク

昔、スカアピングの近くのメードム湖には島があった。島にはお屋敷があり、三人のお手伝いが働いていた。ご主人たちが出かけたあるとき、三人は牧師をからかってやろうともくろんだ。三人は豚を一頭つれてきて服を着せ、ベッドに寝かせた。

牧師が死の床にある人に話をするよう頼まれた。やってきた牧師は神をも恐れぬ嘘を見ぬき、ためらうことなく屋敷を去り、ボートに乗った。

するとその瞬間、島全体が牧師の視界から消えた。だが牧師が陸に着くと、テーブルが一つ漂ってくるのが見えた。テーブルの上には、牧師が忘れてきた聖書があった。

今なお島のあった場所では、晴れた日には、沈んだ屋敷の白い煙突が三本見えるという。そして屋敷にあった高い木が、いつの日かもっと成長したとき、敵がやってきて船をそれにつなぎとめるだろうといわれている。

（山崎）

8 パンの香りただよう湖　ポルトガル

アソーレス諸島サン・ミゲル島のフルナス湖のある場所には、かつて村があり、住人は楽しく幸せに暮らしていた。

ある日、若者が生活用の水を汲もうと泉に行ったら、泉の水が塩水になっていた。若者はこれは何か異常なことが起きる前兆だ、と直感して、近所の人々に忠告したが誰も信じてくれなかった。

何日かして泉に行った若者は、魚が泉から飛び出すのを見た。若者は「何かが起きる」とみんなにいったが、誰も気に留めなかった。

若者とその祖父は村人たちに警告した。

「歌と踊りをやめて、山に登って海を見ろ！　北のほうに島が見えるぞ」

人々は笑い、祭りを続けた。祖父は若者と山に登り、山の上から警告した。

「セチ・シダージス湖の呪われた島が見えているぞ。教会に行け！」

けれども誰も聞かなかった。

そんな時、若者は家畜を売りに隣村に行った。取引に手間取り、何日もかかった。帰る道中、どうも様子が違っている。帰ってみると、村のあった場所には大きな湖ができていた。大水が村を呑みこんだのだ。

けれど湖の中でも人々の暮らしは続いていて、今でもパンを焼く香ばしい匂いが湖から漂ってくる。

（紺野）

9　石になった女　フランス

ラ・グール・ドゥ・タズナ湖はかつて町であった。

あるときイエスがこの町を通り、パンを求めた。誰も恵もうとしなかったが。ただ一人、粉を捏ねていた女が焼き上がったパンを差し出した。イエスは女にいった。

「町の住民を罰するが、おまえは死を避けて、わたしといっしょに逃げるのだ。しかし決して後ろを振り返ってはいけない」

イエスは町を沈めた。だが、女は振り返って見ようとして石になった。

その石にからだをこすりつけた牝牛は角を失った。人びとはその石を湖に投げた。石は一度沈ん

でまた元の場所に戻った。再び投げられると嘆きの声をあげ、二度と湖から出てこなかった。(新倉)

10　岩になった嫁　韓国

寧辺郡古城面下草洞に、大金持ちが住んでいたんだが、この金持ちはケチンボで、誰かに何かをやったり、他人を助けてやったりしたことがなかったということだ。

ある日、この家に僧が来て、お布施をくださいと言うと、やるものはないと言って牛の糞をひとつかみ投げ出してやった。僧は何も言わずにその家を立ち去った。その家の嫁がこれを見て、舅に分からないように米を一パガジ(瓢箪を半割にした入れ物・ひしゃく)すくってその僧へやり、

「うちの舅は年取ってもうろくしてこんなことをしたのですから、許してこれを受け取って下さい」

とあやまった。すると僧は

「明日、正午に家を出て、前の山に登りなさい。その時、後ろでどんな音がしても振り向いてはいけない」

と言うといなくなってしまった。

翌日正午に、嫁は子どもを背負い、頭に籠を載せて前山に登って行ったが、途中でいきなり、後ろから天地が崩れるような大きな音が響いた。びっくりした嫁は、驚いて後ろを振り向いた。する

と、子どもをおぶり、籠を載せたまま岩になってしまった。古城面下草洞に今でもこの岩があって、籠岩と呼ばれている。

長者が住んでいた家はなくなり、大きな家があった場所は大きな池になり、水車があったところは丸い池になり、物置があったところは小さい池になったと言われ、この池は古城面下草洞にある。

（辻井）

11　娘の渡り場　デンマーク

モアス島のテーヴィングとフレーゼの間の道に、「娘の渡り場」とよばれる小さな沼がある。テーヴィングの貧しい娘が、高貴な人のお屋敷で働くことになり、お屋敷の人は娘に服を与え、娘をわが子のようにかわいがった。そのため娘はどんどん気位が高くなり、貧しい親族のことを気にかけなくなった。

それでもあるとき両親をたずねることにし、みごとな晴れ着をきて出かけた。途中、沼があった。靴が濡れてしまうと思った娘は、貧しい両親に渡すはずのパンをとりだし、沼に投げいれ、その上を歩こうとした。

ところが最初の一歩をふみだしたとき、パンは沈み、娘も沈んで二度ともどってはこなかった。それからというもの、沼は「娘の渡り場」とよばれている。

（山崎）

12　海に沈んだイスの都の使者　フランス

ワインを積んだ一艘の船が、風がないので先に進めず、トレパッセ（死者）の入江に停泊していた。そのとき一人の男が、誰も見たことがないような昔の服装で水底から姿を現した。

男は船に上がると船長に会ってワインを一樽買いたいと申し入れた。取引が決まると、男は酒樽を海に投げこむように、そして海底の住まいに届けるように、支払はそこでするからといった。

イスが沈む原因といわれる王女

男は波間に消え、船長もその後を追った。暗い海の中を長いこと下っていくと、小さい明かりが見え、明かりはだんだんと大きくなっていった。二人がさらに潜りつづけると、やがて霧の中から現れるように、教会の鐘楼や家々が姿を現してきた。さらに下っていくと霧が晴れ、目の前にパリより大きいと思われる都が光り輝いて現れた。

二人は扉の開いている大聖堂に入った。中は人々でいっぱいで、祭壇では司祭が死者のための追悼の祈りを捧げていた。司祭は叙唱にかかっていたが、誰一人「祈りましょう、兄弟たちよ」の祈りへの招きに答える者はいなかった。香部屋係が死者のための献金に回りはじめた。参列者がそれぞれ銀貨や金貨を鉢の中に寄進したが、これらの貨幣はチャリンとも音がしなかった。香部屋係が船長の前にやってきたとき、船長はポケットに金を持っていなかったのでなにも出すことができなかった。すると船長は悲しい叫び声を耳にし、参列者が泣くのを目にした。司祭が「イテ・ミサ・エスト」（行きましょう、主の平安のうちに）を唱えたとき、誰も応答する者はなく、人々は聖堂から出ていった。船長が疑問の顔を向けると、案内した者が話した。

「ここはイス（注）の都なのです。都が海に沈んだとき、われわれは祈りの最中でした。祈りは聞き届けられ、イスは滅びることがありません。イスの都は海底に残りつづけ、生きた人間が救いに来るのを待ちつづけているのです。そのためにわたしはあなたを迎えに行ったのです。もしあなたが一文でも献金してくださったなら、イスの都は沈んだときと同じような輝かしい姿を水の上に現すことができたでしょう」

注　イスの都はブルターニュ地方南端の低地に五世紀頃存在したとされる伝説の都市。栄華を誇っていたが、大洪水によって海に沈んだとされ、今でも海底に昔と変わらぬ姿で存在し、いつの日か復活して姿を現すともいわれ、さまざまな伝説が語られている。（新倉）

13　海底の城から王女を救った男　フランス

美しい王女の住む城が悪魔によって海底に沈められた。夏至の夜、十二時の鐘が時を告げる間海水が引いて城が姿を見せた。この短い間に城に入り、隠された魔法の杖を手にしたものが王女を救い、城の宝を手に入れることができるとされていた。

一人の若者が、貧しさのために、愛する女の両親に拒まれて絶望し、夏至の晩に浜に行った。真夜中の最初の時を告げる鐘が鳴ると海が開き、あまたの明かりに照らされた素晴らしい城が姿を見せ、そのバルコニーには美しい王女が現れ、若者に向かって腕をさしのべ救いをもとめていた。

若者は城に向かって走り、六番目の鐘が鳴ったときに城の入り口に着いた。優しい声で救いを求める王女の声には耳を貸さず、若者は探索を続け、十二番目の鐘が鳴ると同時に魔法の杖を手にした。杖の力で若者は海水を引かせ、城から悪魔を追い出した。

王女は幸運にもハンサムな若者に救出され、若者と結婚した。神の恩寵に感謝するため、サン・ミッシェルに礼拝堂が建てられ、いまもそこに存在している。（新倉）

14　フロワドフォンテーヌの由来　フランス

その昔、サン＝ポータンには親切な妖精たちがいて、人々の手助けをするのを楽しんでいた。収穫はいつも豊かで、りんごの木はたわわに実り、一頭の雌羊が三匹の仔羊を産んだ。

その妖精たちの一人、一番しとやかできれいな妖精が、ある日小川のほとりで一人の若者と出会い、気に入った。それから三月の間、二人は最高の幸せを味わった。しかしその後、若者は妖精をなおざりにするようになった。ある日、道ばたに座って妖精が泣いていると、けんかする声が聞こえた。妖精は、動物の鳴き声、鳥のさえずり、花々の言葉さえわかったので、金色エニシダが、足下に生えている優しいバラ色のヒースにこう話しているのが聞こえた。「おまえ、いつもおまえ。おまえはとてもすてきだよ。でも終いには、一緒は退屈になるのさ。悪いけど、今はおまえよりイラクサの方がマシさ」

あわれな妖精は、なぜ恋人に捨てられたのかわかった。妖精はそれでも恋人を探し始め、ほどなく以前男を愛した、正にその川のほとりで恋人を見つけた。男は二人の粗野な村娘たちに言い寄っていた。

憤慨した妖精が杖で小川をたたくと、すぐに小川は激流となり、通り道にある全てを今にも呑みこみかけた。でも同時に妖精は、川をこのように流れるままにしておくと、以前喜んで、あふれるほどの恩恵を施してやっていた人々の死と破産を招くだろうということを思い出した。妖精が不実な恋人に杖の先で触れると、男は堂々とした柏の木に変わった。その太い根が激流をせき止め、二人の村娘は二つのきれいな泉に姿を変えた。

フロワドフォンテーヌ（冷たい泉）集落にその名を与えたのはこの二つの泉だ。向かいの野原には、川の中に入りそうになった巨大な柏の木が見える。その幹は、いくらか人の胴体に似ている。夜なべのときにはきっぱりと、もし万が一この木を引っこ抜くようなことがあれば、サン＝ポータン教区は水に飲み込まれ、それと一緒にこの地方全部、百里四方が水に沈む、といわれる。（桜井）

15 スヴェトロヤール湖　ロシア

おぼえているのは、私らがまだ若いころ、ウラジミルスキーからきたある年寄りの話してたことで、スヴェトロヤールの水の下にいるのは、キテシの人たちなんぞじゃない、この土地に最初に住んだマリ人だ、ということだ。これはもう、うんと前のことで、いつのことだか、わからん。

マリ人ははるか昔からこの土地にいて、あたり一帯にひろがっていた。ところがそこへ、いつのころだか、スヴェトロヤールにモスクワ国のロシア人の公たちがやってきて、それも僧侶たちも連れてな。そうしてロシア人たちは自分たちのやり方をやりだしたのさ。マリ人たちに、この古くから自分らの場所だったところからもっと遠い土地、暮らすにはあわない土地へいけ、と命じたのだ。

マリ人たちは公や僧たちの要求には従わなかったし、それどころか、スヴェトロヤールの水際にやってきて、死んでもこのよき地、先祖伝来の地を捨てないといったんだ。一方モスクワからの新参者は責め続ける。そこでマリの人たちは水の際に降りて、山裾に地下道をつくった。急ごしらえの支えだけの屋根に、掘ったあとの土をのせた。あたりの集落のマリ人全員が家畜や財産を持ってこの地下道に集まり、仮にたてておいた支えを土屋根からどけた。土は崩れ、従うことをよしとしない人々はすべての生き物、家財道具ごと埋もれた。

生きながらの埋葬ののち、従うことのなかった人々は崩れた崖とともに水の中へもぐりこんでいって、以来、湖の底にいるのさ。


（渡辺節子）

16　海底の王国に行った船乗り　イタリア

ジェノヴァの船乗りが乗っていた帆船が、ある離れ小島で難破した。船乗りは浜辺に着くとすぐ力尽きて気を失い、そのまま眠ってしまった。

少しして、だれかが起こす声がした。それはとてつもなく大きな亀だった。亀はいっしょにネプチューンの王国へ降りていこうと誘っていた。船乗りは好奇心の強い男だったので、誘われるまま、亀の甲羅にすわって海底へと下っていった。まもなく、海底のすばらしい城に着いた。それは、まさに海の王ネプチューンの住まいだった。

船乗りは王に迎えられた。王はサンゴの笏を手にし、魚や

海獣たちにとりかこまれていた。その中でひときわ目立ったのが、王の大事な一人娘だった。娘はたぶん水の妖精だったのだろう。若い船乗りはたちまち心を奪われてしまった。

船乗りが海底の世界で暮らすようになって、しばらくして、娘は船乗りの愛にこたえるようになった。そこで、父親は船乗りに娘との愛を許した。二人は結婚し、その日から幸せな者たちに起るように、時はたちまち過ぎた。

だが、ある日、若者は両親に会いに、故郷へ、つまり地上に戻りたくなった。王女は考えを変えるように泣いて頼んだ。だが、やがて、どうしようもないとわかると、別れるにあたって、蓋をした小箱を与え、けっして捨てないようにとたのんだ。

若い水夫は故郷にもどり、なにもかも変わってしまったことを知った。そして、亀に出会ってから百年も経ったことに気がついた。気落ちした若者は、とうとう箱を開けた。

昏睡状態から目が覚めたとき、若者はまた難破した海岸にいることに気がついたが、そのときには、長く白いひげの老人に変わってしまっていた。老人はたちまち皺だらけになり、地面にくずれ落ちて、あっという間に息をひきとった。

ATU470B（剣持）

17　水びと　アメリカ

一人の少年が弓矢を持って水際を歩いていると、側にたたずんでいた二人の女が少年に「いっしょに行きましょう」と誘い、少年は弓矢を木に立てかけてついていった。「わたしたちは水の中へ入ります」といってどんどん進み、底に着くとまるで水がないかのようだ。さらに進むと老いた男たちがいて、そこに座りなさいと椅子をすすめた。その椅子は大きな水亀だった。座ると今度は横になりたいかと聞かれる。そこにはベッドがあった。

しばらくして、「よかったら狩りに行けますよ」ともいわれる。「いいえ、弓矢を持って来なかったから狩りには行けません」と答えたが、老人たちは、「行きなさい、どこかで倒れたら帰って来なさい」と送り出す。

歩きまわっていると、ガラガラと音がして少年は倒れた。しばらくして気がつき、老人たちのところへ帰った。「何を捕って来たか」と聞かれ「何も捕って来ない、ただ倒れて気を失った」と答えたが、「それならおまえが倒れたところへ行って確かめよう」と老人たちと行ってみると、獲物が死んでいた。「自分たちがいったとおりじゃないか」とそれを運んで帰り、みんなで食べた。

しばらくの間そこに滞在したが、もとに戻りたいなら行くがよいといわれ、少年は帰ることにした。誰かが少年を連れて出たが、そこで少年は気を失った。気がついたらもとの水辺に立っていた。弓矢は側の木に立てかけたままで、まるでなにもなかったかに思えた。歩き出し、住んでいた村に着いたとき、人々は全く同じようで、長い間いなくなっていた者がもどって来たといい、老人たちが薬を作ってくれ、しばらくそれを飲んですっかり元気になった。（新開）

18　豊穣の泉　インド

シールヴァル村に園丁職のマーリーとして働いていた女がいたんだが、その女の身体は、しばしば憑依された。すると、女は着飾ってまっすぐ泉のなかに入っていった。そして戻ってくるときには大きな金属盆に一杯のターメリック（鬱金）やサフラン粉を持っていた。そして、それを回りにいる人たちにだれかれなく塗り付けた。泉のなかにそれがたくさんあったのだ。

その女が死んでいるのかどうか誰が知ろうか。ともかく、食事をとろうとはしなかった。泉の中でとっていたから。庭園で働いた。その女はマーリーだったから。働いて、真夜中十二時と正午にそこへ出かけた。水さえも飲まずに。

中に入っていく、水の中に。水から出てきても、乾ききっていた。ほら、わたしたちが水に入ったら、濡れてしまうでしょ。だけどその女は濡れない。水に入っても、服は乾いたままだ。そして、授かり物、その女が持って帰り人々に分け与える授かり物、それも乾いている。

女衆が泉の近くに立ち、男衆はそこで見つめた。

「どうやって水の中に入るのだろう？　それに、どうやって物を持ってくるのだろう？　あの女は普通の人間のようにはものを食べない。」

すると、その女の姑と舅、だれもがみな見定めようとそこにたたずんだ。

その女は尋常ではない。神に属する存在だった。もし真実を知りたいと思えば……、もし「お茶をどうぞ」といったとしても、その女はお茶を飲まない、家では。そして、仕事。たくさんの仕事。でも、その女は誰にも迷惑をかけたくなかった。自分の夫にさえも。だから夫にいった。「別の奥さんをもらってちょうだい。わたしには何にも望んではいけないのだから、別の人を見つけて結婚してちょうだいな」

（聞き手の問いに語り手が付け加えて）その女はちょうど十二時に泉に入った、正午にね。ほら、昼どうやって食事するかなんて分かりきっている。ちょうど十二時に泉に入って食事をしているのさ。皆が呼び戻した。「出てこいよ！」と。すると出てきた。

そして、あの授かり物。ある日、その女がそれを持ってくると、巨大な金属盆に山盛りいっぱいの食べ物だった。団子菓子、米、油、塩もあった。ほら、これがとってもおいしいんだ。まさに神だね。欠けたところがない。皆は五種類のご馳走を作って女にあげようとした。その女は戻ってくると、人々の両手いっぱいに分け与えた。どんなに多くの人々が待ち構えていようと。（水野）

19　孝行息子の泉　韓国

むかし、興徳郡（全羅北道扶安郡）に呉浚《オシュン》という人がいた。呉浚は亡くなった父親の墓に旌門《せいもん》(注)というものを立てて、墓の横に草屋を作り、墓守をしていた。墓の近くには水もなく、湧き水もなかったので、はるか離れた方丈山まで行っては水をくんで、朝夕の食事をお供えしていた。呉浚がこうやって亡くなった父親に孝行しているのを天が感動して、ある日、いきなり雷声が響きわたり、大雨が降った。雨が上がったあとで見ると、墓の下に湧き水ができていた。興徳郡守がこの噂を聞いて、自らでかけて来て、この湧き水を見た。郡守は、「湧き水は天が孝行に感動してできたものだ」といって、泉を「孝感泉」と名づけた。またふしぎなことに、毎月一日（朔日）と十五夜（望月）の日には、虎が雉やノロ鹿などを捕らえて来て、朔望祭がよくできるようにしてくれた。これは呉浚の孝誠に山神が感動して、虎にお供え物を届けさせたと言われている。

孝感泉はいつもきれいな水があふれていたが、その後、ある自覚のない女がそこで汚いものを洗濯していると、雷が落ちた。女は雷に当たって死に、泉の水も汚くなったということだ。

注　忠臣・孝子・烈女などを表彰するために当事者の家の門前や村の入り口に建てた赤い門。朝鮮王朝時代には毎年年初にこのような人々を調査して王に報告し、旌門を建てる一方、戸役・軍役などの免除措置とともに米・衣服などを下賜した。本来国が建ててくれるもののはずだが、この話では息子が建てたとされている。

（辻井）

20　湖、飛び去る　ロシア

この話はずっとまえのことだ。ニージニーからシャランガへ向かっていくとすると、トンキノを通ることになる。そこから左へ、マリの部落チュラの方へ曲がる。すると深くて広い盆地がある。そこには今はウスダ川が流れていて、あたりは湿地だ。でも以前は本物の湖があったんだ。それが今じゃなくなった、飛んでいってしまったのさ。

マリ人にはこういう決まりがある。水を大切にしろ、愛おしめ、とな。湖や小川で汚れた下着を洗うんじゃない、洗いものには地面に掘った井戸がある。水回りの木はけっして伐らない。なんせ木は水を守っているからな。以前は夜、川へ水汲みにいくことさえしなかったものだ。水が休んでる、寝てるから騒がしちゃいかん。人々が水際で身を清める春の日、というのもあったな。水が冬のあと、目覚めるんだ。

年寄りたちが話してくれたことだ。マリの女が一人、そこで暮らしていた。だらしない女だった。それで汚れた下着がたまっちゃって、湖へ洗いにいったんだ。しちゃいかん、てのを知っていたのに、だ。水を汲むか、井戸で洗え。ところが！　だからこんなことになったんだ。女のせいで今、隣村チュラは苦労しているんだ。

いきなり湖が舞い上がり、東へ向かって、かっちりした黒雲みたいに飛んでいったんだ。湖からちょこっと魚がこぼれおちた。シャランガで目撃されたし、よその、目につくとこの上を湖は飛んでったのさ。そしてヴャトカのサタエヴォ部落に着地した、今のサンチュルスキー地区にあるとこだ。じつのとこ、湖は前のよりぐっと小さい。水の一部がなくなっちゃったから。

（渡辺節子）

21　あちこちに移動する泉　イギリス〈スコットランド〉

ストラスジャーンに、ひとり寂しく暮らす老人がいた。この老人はもう何年も前からカナダの大草原に住む親戚から、余生をこちらですごさないかと誘われていたのだが、ずっとそれを断りつづけていた。ふるさとを離れたくなかったのは、生まれてからこのかた日々の暮らしを支え続けてくれた泉を深く愛していたからだった。けれども老人は根負けしてカナダに移り住むことになった。

新しい国の目的地についた老人はおどろいた。新しい家のそばで、忠実な友である泉がこんこんとわき出ているではないか。さらにその近くにはスコットランドの泉のそばにあった大きな白い石までであった。それは老人が家の外で聖書を読むときにいつも腰かけていた石だった。

（岩瀬）

22　雄羊の泉　アイルランド

アイルランド南西部ケリー県にある「雄羊の泉」は巡礼の泉として、よく知られている。特に五月一日の五月祭、六月二十四日の聖ヨハネ祭、そして九月二十九日の聖ミカエル祭などの祝日の前の土曜日には、おおぜいの人が祈りを捧げに集まる。人々は泉の周りをロザリオの祈りを唱えながら、三回まわり、泉の水を飲んだり、泉の中に入って水浴びをしたりする。そのため、泉のそばには水浴びをする人のための着替えの小屋が建っている。この泉は常に澄んだ水が湧き出ていて涸れることがない。

この泉には鱒が一匹住んでいて、その姿を見たものは願いがかなえられると昔から伝えられている。泉に住む鱒の話は、アイルランドの他の多くの泉にも伝えられている。

アイルランドのカトリック教徒がイギリス政府の定めた刑罰法によって、迫害された十六世紀から十九世紀の初めまでは、神父たちは泉の周りで密かにミサをあげた。この泉の近くにある石の祭壇はその名残である。

ある時、神父が石の祭壇の前でミサをあげていると、警察犬をつれたイギリス兵が現われた。すると泉の中から三匹の雄羊が出て来て、犬と兵士を追い払ったと伝えられる。

また、聖ブレンダンはこの泉で洗礼をうけたが、その時も三匹の雄羊が泉から現れたという。

泉の水については次のような話が伝えられる。あるとき、聖ブレンダンの妹聖イタが、リマリックから、ケリー県のアードファートに住んでいる兄に会いに行く途中で、このあたりで一休みしようと思い、葉っぱにたまった水で顔を洗い、葉っぱで顔を拭いた。すると、その場所から突然水が湧き出たという。その水は今も涸れることなく泉を潤している。

（渡辺洋子）

23　子授けのランデルノー泉　フランス

昔、一組の夫婦がいてとても金持ちだったが子どもがいなかった。結婚してから長い歳月が過ぎていた。二人はどうすれば子どもが授かるか、熱心に聞いてまわったあげく、やっとその方法を探り当てた。

それで望む者に子どもを授ける力があるという年とった妖精を訪ねた。妖精の老婆は〈子授けの泉〉と呼ばれる大きな美しいランデルノー泉のそばに住んでいた。

二人がかなり遠くまで行ったところで美しい娘に出会った。

「娘さん、子授けのランデルノー泉まではもうすぐでしょうか?」

「いいえ、まだ千里も行かなくてはなりません」

二人はまた歩き続けて、長いこと歩いた末に、やっと泉に着いた。妖精の老婆に会ってたずねた。

「ここが子授けのランデルノー泉ですよね?」

「子どもが欲しいのかね、あんたがた」

「ええ、ぜひとも欲しいのです」

「わかった、それじゃお帰り。今から九か月後に男の子が生まれるよ」

二人は満足してもどった。それから九か月経つと男の子が生まれた。すると妖精の老婆が訪ねて

きた。

「その子を渡しなさい。育ててあげるから」

老婆は男の子を抱いて帰っていった。すっかり悲しくなった二人はまたランデルノー泉へでかけた。

「こんにちは、わたしが連れていったですって？　そうじゃありませんよ。だってあの子はわたしのものだったじゃない。わたしがあんたがたに授けたんでしょ？　いいからお帰んなさい。九か月後に女の子が生まれますよ」

九か月が経って、また妖精の老婆がやってきた。

「その女の子を渡しなさい。育てるから」

老婆は女の子を連れて行った。残された二人は他人のために子どもを産むことに疲れて、もう泉には行かなかった。

それから何年も過ぎた。男の子と女の子はどんどん成長した。妖精の老婆の夫が重い病気になった。スープを作るのに肉がなかったので男の子を殺すことにした。夜だったので男の子はぐっすり眠っていた。でも女の子は目をさましていて兄さんを起こした。

「兄さん、起きて。父さんが病気でスープをつくる肉がないので兄さんを殺すといってるわ」

「僕たちあの魔法の箱を持って逃げ出そう」

子どもたちは真夜中に家を出て、出るとき卵を二つ置いてきた。卵は二人の代わりに返事するはずだった。妖精の老婆がベッドから声をかけた。

「眠ってるの、ピエール？　眠ってるかい、メラニー？」

卵が答えた。

「いいえ眠ってないわ」

子どもたちが遠く遠く離れたとき、卵はもう何もいわなかった。

老婆が起き上がってベッドを見に行ったが、もぬけの空だった。

「あなた、子どもたちがいないわ」

「嘘だろ、早く魔法の箱を持って追いかけるんだ」

魔法の箱もなかった。

「どうしよう、魔法の箱もないわ」

「魔法の箱がないだと、よく探してみろよ」

夫が起きてきて探したがみつからなかった。それで二人は追跡に出発した。男の子と女の子はもう遠くまで行っていた。

男の子が聞いた。

「何も見えない？」

「見えるわ、大きな雲が湧いたわ。急いで池になって。わたしはアヒルになるから」

妖精の老婆と夫が池のそばへやってきた。

「あの子たちじゃないかしら？」

「いや、そんなはずないよ。あの子たちが思いつくもんか」

二人はもどって行った。二、三日して男の子がいった。

「何か見えない？」

「見えるわ、大きな雲が湧いたわ。白い樫の木になって。わたしはそれに止まるコマドリになるから」

老婆とその夫がやってきた。

「ね、あそこに見えるのがきっとあの子たちだわ」

「いいや、違うよ」

探し疲れた二人はもどって行った。

年ごろになった男の子と女の子は立派に結婚した。

老婆の夫はスープがもらえなかった。

ATU313（新倉）

24　キルグリム橋　イギリス〈イングランド〉

この橋の建設について、次のようなおもしろい伝説がある。

住民たちはここにたくさんの橋を造ってきたが、どれも洪水の威力に耐えることはできなかった。

ついには、「悪魔さま」が、最初に渡ったものがいけにえになるという条件で、水の脅威に負けない橋を造ってやろうと約束した。住民たちは、橋ができあがったら誰が犠牲になるかをよくよく思案した。

他の人たちより知恵のある羊飼いがいて、「グリム」という名前の犬を飼っていた。この羊飼いがまず川を泳いで渡り、口笛を吹いて犬についてくるよう合図した。かわいそうなグリムは何も知らずに、はねるように橋を渡り、「悪魔さま」のいけにえになった。言い伝えによると、このことによって、この場所は「キルグリム橋」（グリム殺しの橋）として知られるようになった。（岩倉）

25　井戸のそばの幻影　イギリス〈スコットランド〉

パースシャーのコムリー城のところでリヨン川にかかる橋に近いオークロアでの話。坂の上に一軒の小屋があった。この小屋でひとりの老人が死の床にあって、その最期を看取るために家族の女たち二、三人が付きそっていた。老人は水をくれ、と叫びつづけた。家にある水を持っていっても、「わしが飲みたいのはあの井戸の水なんだ」と老人はそれを拒んだ。老人をなだめるため、「その井戸に行って水をとってくるわ」と女のひとりがいった。近所の女も一緒について行った。二人の女は手桶をしっかりかかえて出かけていった。この井戸は少しばかり遠いところにあったので、二人が井戸につくころにはあたりは暗くなってきた。

井戸に下りていくための階段があった。二人がこの階段を下りようとしたとき、前を歩いていた女の目の前に小屋に残してきた老人の幻影が見えた。老人は夜着を着ていた。そして腰から下は灰色の毛布にくるまっていた。老人の幻影は両手をお椀のかたちにして井戸の水を飲んでいた。

前にいた女は押し殺した叫び声をあげた。後ろからついてきた女が手を伸ばして前の女の肩に触れたとたん、その女にも幻影が見えた。女たちは手桶を落として小屋へ急いだ。二人が小屋に入ると、まさに老人が息をひきとるところだった。

葬式の日、近所の女は家の片づけと最期の儀式の準備を手伝うため、亡くなった老人の家に行った。そして老人が横たえられた部屋の大きなたんすの一番下の引き出しから、灰色の毛布を見つけた。井戸のそばで見た幻影の老人が身に着けていたものとそっくり同じものだった。このときまで家の住人は、灰色の毛布が家の中にあったことに気づいていなかったのである。

（岩瀬）

26　花嫁の湖　ドイツ

シュレースヴィッヒのすぐ近く、モルデニット方向に行く道のわきに、ブルート湖という小さな美しい湖がある。昔、その湖は森に囲まれていて、そのそばに村があり、シュレースヴィッヒの聖ユルゲン教区に編入されていた。ここにはかつて裕福な農夫が住んでいて、その美しい娘は貧しい作男を愛して、作男に永遠の愛を誓っていた。しかし、父親は娘を裕福な土地持ち農家にやりたくて、聖霊降臨祭（注）の日を結婚式に決めた。恋人たちは結婚式の前の晩、最後に、今でも湖のほとりにある大きな石のところで会った。

次の朝、花婿と花嫁が親戚たちと一緒に湖をわたり町に向かうと、突然、人が死んだときの習慣で鳴らす葬式の鐘が鳴り響いた。その瞬間にものすごいつむじ風が起こって、ボートが転覆して、みんな溺れてしまった。花嫁以外の死体は見つかった。もし娘の遺体が見つかっていれば、人々は恋人の作男と一緒に埋葬したにちがいない。あの葬式の鐘は作男のために鳴らされたものだった。ところで、聖霊降臨祭の夜には華麗な衣装に身を包んだ素晴らしく美しい娘が湖から出てきて、例の石の上に座り、夜があけるまで歌いながら長い黄金の髪を櫛で梳いていた。それから再び湖に消えた。それでその湖は花嫁の湖といわれた。

フーズムや他の町々にもこのような花嫁の穴や湖があり、どれも謎めいている。

注　復活祭後の第七日曜日

（杉本）

27　川に流された柩　フランス

ときどきローヌ河に柩が流されることがあったが、それは故人がその名誉に値する場合だった。柩は流れにまかせて下っていき必ず墓地にたどり着き、番人が引き上げて葬礼を行った。そのためにいくらかのお金を柩に入れておくのが慣わしだった。柩は途中で止まることなく、墓地を行き過ぎることもなかったという。

あるとき若い連中がタラスコンの町の近くで柩を止めて中のお金を盗み、また柩を流したことがあったが、盗人たちがいくら川岸から遠ざけようとしても柩は下っていかないでぐるぐる回りつづけた。悪事が露見し、盗んだお金を返させて柩にもどしたところ、柩はまっすぐ墓地へ向かったそうだ。（新倉）

28　キャンチロン家の最後の葬式　アイルランド

キャンチロン家は、ケリー県で重要な一族だった。一族の墓地は、昔はケリー・ヘッドの南、バリーヘイグ湾の岸辺近くの小さい島にあった。この島は昔は本土と陸続きだったが、波の浸食によってその一部が削りとられ、島の教会は墓地と一緒に海底に沈んでしまった。よく晴れた日に、岸辺近くで漁をしている漁師たちが、波のずっと下に教会のくずれた塀や、生い茂った海草の間に古い墓石を見ることがあった。

キャンチロン一家には不思議な埋葬の風習があった。一族のものたちは昔の墓地にひどく執着していて、たとえ教会も墓地も波の下に沈んでいても、別の場所に埋葬することを拒み続けていた。一族の誰かが死ぬと、その棺は夜のうちに、バリーヘイグ湾の浜辺の波打ちぎわにおかれ、そこで埋葬の儀式をすませると、一族の者たちはあたりが闇に包まれる前に、棺を浜辺に置き去りにしたまま、後ろを振り向かずに退散することになっていた。朝になると棺は消えていて、人々は海に住む者たちが、ずっと昔にかわされた契約にしたがって、海底の墓地に棺を運んでくれたのだと信じていた。キャンチロン家の埋葬は何世紀もこのように行われていた。

コノール・クロウという男がキャンチロン家の女と結婚したが、この埋葬の風習を迷信だとあざ笑い、一切信じようとしなかった。

「潮の流れが棺をどこか別な砂浜に運んでいくのさ。よく探してみれば、遠いどこかの砂浜に打ち上げられているに違いない。そんな古くさい風習なんかやめちまえ」とコノールはいったが、キャンチロン家の者たちは首を横に振って、この埋葬の風習を守り続けた。

フローレンス・キャンチロンという一族でも名の知れた男が死んだとき、その界隈に住む多くのものたちが告別にやってきて、立派な葬式が行われた。コノールも葬式に参列した。葬式はアードファートの町の教区の教会で行われ、その後棺を運ぶ葬列がバリーへイグ湾の浜辺へと向かった。

浜辺で埋葬の儀式が終わり、棺を囲んで、アイルランドの古い風習通り、女たちが嘆きの声をあげるキーニング(注)が行われると、数名のキャンチロン家の者たちが、棺を波打ち際まで運んだ。この中には死者に最後の別れを告げる厳粛な面持ちを装ったコノールもいたが、本心はこの風習の真偽を確かめることだった。

棺が波打ち際に置かれ、最後の祈りが唱えられると、参拝者は棺を残してアードファートの町に帰って行った。しかし、コノールだけは後に残った。浜辺の岩場の中でも背の高い岩の陰に身を隠し、ことの顛末を見届けようと思ったのだ。

月があたりを照らし、まるで昼間のような明るさだった。コノールは気持ちを強く持つために持参したウィスキーを飲みながらじっと浜辺を見ていたが、何も起こらなかった。明け方近く二時になっても棺はぴくともも動かなかった。

突然、海の方から死者を弔う嘆きの声がかすかに聞こえてきた。コノールは目を凝らし、耳をすました。嘆きの声は次第に近づいてきた。それはこの世のものにはないやさしい声で、波の動きに合わせてリズムを刻んでいた。

そのとき、打ち寄せる波の間から四人の不思議な姿のものが現われた。黒い僧のような衣服をまとい、頭巾を目深にかぶっている。お辞儀をするように身をかがめて、にじり寄るように、まるで大きな蟹のように、波の間を棺の方に向かって横ばいに歩いてくる。顔は頭巾にすっぽりとおおわれて見えない。その間じゅう嘆きの声は低く高く聞こえていた。

嘆きの声が止まると、四人は棺を囲み、素早いけれど、ぎくしゃくした動きで、何かぶつぶつ言いながら、棺を打ち寄せる波に向かって押し始めた。コノールの体に恐怖が走った。この四人がこの世のものではないことがわかったからだ。しかし同時にいったいこいつらは何者なのだろうかという、好奇心に駆られ、さらに身を前に乗り出し、耳をすました。

「いったい、おれたちはあと何世紀この仕事をしなければならないのだろうか」

うつろな声が聞こえてきた。

「おれたちは永遠に、海底の墓地に棺を運ぶと言う契約に縛られている。もううんざりだ。事の起こりは、おれたちの仲間の一人が、陸の人間と結婚したことに始まる」

棺を波に向かって押しながら一人が言うのが聞こえた。

「ずっと昔は、海のものと陸のものが愛し合って一緒になることがあった。そんな時、海の王の娘がキャンチロン家のものと結婚したんだ。そいつが死んだとき島の教会の墓地に埋葬された。その後島は波にのまれて海の底に沈んだが、おれたちはキャンチロン家のものが死んだら、海底の墓地に埋葬するという契約に同意してしまったんだ。この忌まわしい仕事は最後の審判の日まで続くのさ」

「いや待て、それは違うぞ。おれたちがこの仕事から解放される日がいつか来る」

三人目の男が手を振り上げて言った。その手には指が三本しかなかった。

コノールは身震いしたが、それでも必死に耳を傾け続けた。

「人間がおれたちの仕事をこっそりと盗み見し、おれたちの嘆きの声を聞いた時、その時こそ、おれたちはこの仕事から解放され、永遠に海に戻ることができる。これも人間と交わした契約なんだ」

「いったいそれは、いつのことだ？」

四人目の男が言ったが、残りの三人は黙ったまま首を横に振って、棺を波に向かって押し続けた。

コノールは岩の上から四人の会話を聞いていたが、もっとよく聞こうとして身を乗り出した途端、足元の小石がコロコロと浜辺の方に落ちていった。その音をきいて一人が振り向いてコノールの方を見た。その顔は緑色の鱗に覆われ、口からは短剣のような鋭い長い歯が見えた。振り向いた男は手を高々と上げ、恐れおののいて身動きできなくなっているコノールを指さすと大声でいった。

「見ろ！　おれたちの仕事を盗み見していた人間がいた。おれたちの嘆きの歌を聞いている人間がいた。おれたちの契約は完結した。今後、キャンチロン家の子孫は海底の墓地に埋葬されなくてもよくなったんだ。さらば、キャンチロン家のものたちよ」

そう言うと四人の不思議な者たちは海の方を向いて、ぴょこぴょこと足取り軽く、棺を押しながら打ち寄せる波にのまれていった。

コノールは四人の姿が見えなくなると、身震いをしてアードファートの町に戻って行った。

この日以来、キャンチロン家の人々は海底の墓地ではなく、アードファートの町の教会の墓地に埋葬されるようになったということだ。

注　昔アイルランドでは、死者を弔う通夜の席で、死を嘆き悲しむために数人の親類か近所の年老いた女たちが、声を上げ、リズムをつけて嘆きの声をあげた。これをキーニングという。

（渡辺洋子）

29 深さを測る　スウェーデン

ナルケ地方のクヴィストブルー村にあるムルテン湖は底なしだということだ。ある日のこと、釣りをしていたふたりのじいさんが、湖の深さを測ろうと思いついた。綱を何本も結びあわせ、先端に石をくくりつけた。綱はどんどん暗い水の中に吸い込まれていく。しかし石が湖底に達したようすはまったくない。だがとつぜん、深みから荒々しい声が聞こえてきた。

「わしの深さを測るなら、たっぷり湿らせ礼をする」

じいさんたちはぎょっとして、顔を見あわせた。それからそっと綱を引きあげて、大いそぎで家にもどっていった。

（山崎）

30 アマー湖　ドイツ

人々がひとりの犯罪者に、ガラスの壺の中に入ってアマー湖の底まで下りていくならば、命を助けてやると約束した。人々は綱がそれ以上届かなくなるまで男を深くおろして、再び引き上げた。

男はある声がこう叫んだといった。

「おれを調べれば、おまえを呑み込むぞ」

それからアマー湖では、毎年聖なるミサをあげて金の指輪を投げこんだので、声の主は流れ出てバイエルンを水浸しにすることはなかった。

（杉本）

31　水と砂　ブラジル

真実が頑固者に勝てるとは限らない。

父と息子が町の市場に行っての帰り道、それは月の夜のことだった。父が丘の上から眺めると、遠くに白くまだらになったものが見えた。

「たくさん降ったな。小川ができてる。ごらん、水が流れているよ」

「父さん、あれは水じゃないよ。川床の砂だよ」

「砂じゃない。あれは水だ」

「砂だよ、父さん！」

「息子よ、水だ！」

二人は歩き続けた。オウムの舌のように乾ききった川床を渡りながら、息子は白く細かな砂をつかみ、父親の足に投げつけた。

「ね、父さん。砂だといったでしょう？」

「やめろ！　濡れるじゃないか！」と父が叫んだ。

（紺野）

世界の水の民話

平成30年3月5日　初版発行

定価はカバーに表示してあります。

編　訳　日本民話の会　外国民話研究会

発行者　吉田栄治

印刷所　藤原印刷株式会社

製本所　藤原印刷株式会社

発行所　三弥井書店

〒108-0073 東京都港区三田3-2-39

電話03-3452-8069　振替00190-8-21125

ISBN978-4-8382-9095-6　C1095

執筆者紹介

☆は編集委員

☆岩倉　千春（いわくら　ちはる）

イギリス、アイルランドの民話研究。共訳書に『アイルランド民話の旅』（三弥井書店）、『世界昔ばなし』、共著書に『決定版世界の民話事典』（講談社）など。

岩瀬　ひさみ（いわせ　ひさみ）

スコットランド、ゲール語圏民話研究。共訳書に『世界の龍の話』（三弥井書店）、論文に「ゲール語圏の白雪姫の類話（AT709）」（『昔話と呪物・呪宝』昔話―研究と資料―第25号）など。

剣持　弘子（けんもち　ひろこ）

日伊の民話研究。編訳書に『クリン王・イタリアの昔話』（小峰書店）、『イタリアの昔話』（三弥井書店）、『子どもに語るイタリアの昔話』（こぐま社）など。

☆紺野　愛子（こんの　あいこ）

ブラジル・ポルトガル民話研究。共訳書に『世界の犬の民話』『世界の猫の民話』『世界の太陽と月と星の民話』［新装改訂版］（三弥井書店）など。

桜井　由美子（さくらい　ゆみこ）

フランスと日本の民話研究。論文に「昔話の中の娘たち―フランスのことわざを手がかりに―」「『継子の栗拾い』考　― AT480の視座から―」、共編書に「奈良県橿原市・耳成の民話（上）（下）」など。

志賀　雪湖（しが　せつこ）

アイヌ語アイヌ文学研究。共訳書に『世界の昔ばなし』（講談社）、論文に「アイヌの異類婚姻譚―カムイと人の『真の結婚』とその条件―」（『昔話―研究と資料―』35号）など。

新開　禎子（しんかい　よしこ）

アメリカ先住民の民話、教育人類学研究。共訳書に『世界の花と草木の民話』『世界の犬の民話』（三弥井書店）など。

☆杉本　栄子（すぎもと　えいこ）

ドイツ語圏と日本の民話研究。共訳書に『世界の昔ばなし』、共著書に『決定版世界の民話事典』『決定版日本の民話事典』（講談社）、『日本怪異妖怪大事典』（東京堂出版）など。

☆高津　美保子（たかつ　みほこ）

ドイツ語圏と日本の民話研究。『檜原の民話』（国土社）、絵本『白雪姫』（ほるぷ出版）共著書に『ピアスの白い糸』（白水社）、『決定版世界の民話事典』『世界の昔ばなし』（講談社）など。

辻井　一美（つじい　ひとみ）

韓国の民話研究。論文に「日・韓の民話に見る製鉄王と鍛冶屋の葛藤に関する比較研究――『猿蟹合戦』と『虎とお婆さん』を中心に」（『児童文学思想』）。

角田　ひさ子（つのだ　ひさこ）
ペルシア書道家。イラン・アフガニスタン民話研究。共著書に『暮らしがわかるアジア読本イラン』（河出書房新社）、『イランを知るための65章』（明石書店）。
難波　美和子（なんば　みわこ）
インドの昔話、イギリス文学におけるインド・イメージの形成などを研究。論文に「フォークロア研究と女性―帝国の境界で」（『昔話―研究と資料―』43号）など。
新倉　朗子（にいくら　あきこ）
フランス民話・児童文学研究。編訳書に『完訳ペロー童話集』『フランス民話集』（岩波文庫）、『フランスの昔話』（大修館書店）、『美しいユーラリ』（小峰書店）など。
☆藤沢　浩憲（ふじさわ　ひろのり）
中国の民話研究。蛙が登場する日本民話と外国民話の比較研究。
星野　瑞子（ほしの　みずこ）
ドイツ・オーストリア民話研究。共訳書に『世界昔ばなし』、共著書に『決定版世界の民話事典』（以上講談社）、論文・翻訳に「ドイツの小人たち」（民話の手帖）など。
本多　守（ほんだ　まもる）
ベトナム少数民族人類学研究。論文に「ヴェトナムのコホー族」（風響社）、翻訳書に『ラグライの昔話』（岩田書院）『ヴェトナム少数民族の神話』（明石書店）など。
前田　式子（まえだ　のりこ）
インドの民話研究。翻訳に『マハーバーラタ―サーヴィトリー物語』（筑摩書房）、共著書に『インドの昔話　上』（春秋社）など。
三倉　智子（みくら　さとこ）
日本民俗学、口承文芸を専攻。比較研究のために中国語を学ぶ。『世界の花と草木の民話』『世界の犬の民話』『世界の猫の民話』（三弥井書店）共訳書。
水野　善文（みずの　よしふみ）
インド文学研究。共訳書に『バシャムのインド百科』（山喜房佛書林）、最近の論文に「インド説話にみる共生」（『インド的共生思想の総合的研究』（白峰社）所収）がある。
山崎　陽子（やまざき　ようこ）
北欧文学研究。共著書に『スウェーデンを知るための60章』（明石書店）、『北欧学のすすめ』（東海大学出版会）、共訳書に『世界の太陽と月と星の民話』［新装改訂版］（三弥井書店）など。
渡辺　節子（わたなべ　せつこ）
ロシア民話研究。編訳書に『ロシアの民話』（恒文社）、『ロシア民衆の口承文芸』『ロシアの昔話を伝えた人々』（ワークショップ80）など。
渡辺　洋子（わたなべ　ようこ）
アイルランド伝承文学研究。アイルランド語を学ぶ。著書に『アイルランド　自然・歴史・物語の旅』（三弥井書店）、共編訳書に『子どもに語るアイルランドの昔話』（こぐま社）など。

出典

（書名のあとの数字は、章 - 話番号）

アイルランド

Curran, Bob: *Banshees, Beasts and Brides from the Sea Irish Tales of the Supernatural,* Apple Tree Press, 1996. 6-3, 28

Lysaght, Patricia, Ó Cathain, Seamas and Ó hOgain, Daithi: *Islanders and Water-Dwellers,* The Department of Irish Folklore, University College Dublin, 1996. 4-10

Rachard, Anna / O'Callaghan, Liam: *fishstonewater holy wells of Ireland,* Antrium, 2001. 1-9 6-22

Folk Lore A Quarterly Review of Myth, Tradition, Institution & Custom Vol.II-1896, David Nutt, 1896. 4-22

IFC（Irish Folklore Collection）1242. 5-5

IFC S（Irish Folklore Collections School Collection）167. 4-16

アメリカ

Bruchac, Joseph: *Native American Stories,* Golden, 1991. 2-5, 6 3-16 4-26

Bruchac, Joseph: *Native American Animal Stories*, Golden, 1991. 5-4

McNeese, Tim: *Myths of Native American,* New York, 1999. 2-2

Swanton, R. John: *Myth and Tales of Southeastern Indian,* Norman, 1995. 2-11 6-17

アルメニア

Ганаланян, А. Т. : *Армянские предания.* АН Армя. ССР. 1979. 3-10

イギリス

Burne, Charlotte. Sophia. and Jackson, Georgina. F.: *Shiropshire Folk-Lore, A Sheaf of Gleanings,* London, 1883. 5-13

Campbell, John Gregorson: *Superstitions of the Highlands and Islands of Scotland,* Glasgow: James MacLehose and Sons, 1900. 4-15

Folklore Journal, VII, London: The Folk-Lore Society, 1888. 4-18

Grice: F. : *Folk Tales of the North Country,* Drawn from Northumberland and Durham, Nelson, 1944. 3-17

Gutch, Mrs: *County Folk-Lore II,* Folk-Lore Society, 1901. 6-24

Henderson, William: *Notes on the Folk-Lore of the Northern Counties of England and the Borders,* London, 1879. 1-20

Hole, Chiristina: *English Folk-Lore,* London: B. T. Batsford, 1940. 1-23

Hunt, Robert: *Popular Romances of the West of England*, London, 1865. 2-18 3-4 6-2

MacGregor, Alasdair Alpin: *The Peat-Fire Flame*, Edinburgh & London: The Ettrick Press, 1937. reprint 1947. 1-4, 7 6-5, 21, 25

MacLean, J. P.: *History of the Island of Mull*, Ohio: Frank H. Jobes & Son. Printers, 1923. 4-17

Rhys, John: *Celtic Folklore, Welsh & Manx*, 1901. reprint. London: Wildwood House, 1980. 6-6

Sikes, Wirt: *British Goblins: Welsh Folk Lore, Fairy Mythology, Legends and Traditions*, Boston, 1880. reprint Kessinger Publishing, 2009. 4-24

The Scottish Historical Review, XII, Edinburgh: Edinburgh University Press, 1915. 1-5

Thomas, W. Jenkyn: *The Welsh Fairy Book*, 1907. reprint. Cardiff: University of Wales Press, 1995 1-24 3-11

イタリア

Citroni, Maria Cristina: *Lggende e racconti dell'Emilia Romagna,* newton compton editori, Roma, 1983. 4-6

De Gubernatis, Angelo : *Rivista delle tradizini popolari italiane 1,* Bologna, 1893. 合本版。 1-27

Ferraro, Guido : *Leggende e racconti popolari della Liguria,* p.279, Newton compton editori, Roma, 1984. 6-16

Grisi, Francesco: *Leggende e racconti popolari della Calabia,* newton copton editori, Roma, 1987. 4-5

イラン

Sirazi, Anjavi: *Qesseha-ye Irani, jelde dovvom*, pp.141-143, Amir Kabir, Tehran, 1974. 1-1

Mihan Dust, Mohsen: *Samandar-e Chel Gis*, pp.5-6, Markaz-e Pazhuheshha-ye Mardom-e Shenasi va Farhang-e Amme, Vezarat-e Farhang va Honar, 1973. 4-23

インド

(eds.): Beck, B. E. F., Peter J. Claus, Praphulladatta Goswami, and Jawaharlal Handoo: *Folktales of India*, The University of Chicago Press. 1987. 1-16 2-8 3-7

Feldhaus, Anne, *Water and Womanhood, Religious Meaning of Rivers in Maharashtra*, New york & Oxford; Oxford University Press, 1995. 6-18

Kidsgen, The New Age Kids Site (http://www.kidsgen.com/fables_and_ fairytales/

indian_ mythology_stories/descent_of_ganga.htm） 3-2

Mayeda, N. and Brown, W. Norman: *Tawi Tales:Folk Tales From Jammu.* New Haven: American Oriental Society, 1974 3-8, 9

Parmar, Shyam, ed., *Folk Tales of Madhya Pradesh,* New Delhi; Sterling Publishers Pvt.Ltd, 1973. 2-10

ウクライナ

Панкеев, И. : *Украинские сказки.* 2. Голос 1995. 2-3 3-19, 20, 21

オーストリア

Graber, Georg: *Sagen und Märchen aus Kärnten,* Graz, 1944. 4-9

Peter, Anton: *Volksthümliches aus Österreichische-Schlesien: Sagen und Märchen, Bräuche und Volksaberglauben,* Toppau, 1867. In: https://books.google.co.jp/books?id=hwEOAQAAIAAJ&pg=PR9&hl=ja&source=gbs_selected_pages&cad=2#v=onepage&q&f=false（21.7.2017） 1-18

韓国

任晳宰編『任晳宰全集2・韓国口伝説話』1988 平民社 平安南道 1-3

任晳宰編『任晳宰全集3・韓国口伝説話』1988 平民社 平安北道 5-2, 8 黄海道 6-10

任晳宰編『任晳宰全集7・韓国口伝説話』1988 平民社 全羅北道 6-19

ジョージア

Вирсаладзе Е., *Грузинские народные предания и легенды.* Наука. 1973. 2-1 4-19 5-7

スウェーデン

Stenklo, Eina（utg.）: *Svenska sagor och sägner 11 Folktro och folksägner från skilda landskap,* upptecknade och samlade av Eva Wigström, Uppsala , 1952. 1-10

Gustavson, Herbert（utg.）: *Svenska sagor och sägner 12 Gotländska sägner,* upptecknade av P. A. Säve, Uppsala, 1959 1-26 4-8, 25

Tillhagen, Carl-Herman: *Vattnens Folklore,* Stockholm, 1997. 1-21 6-29

中国

李德君、陶学良编『中国少数民族民间文学丛书・故事大系 彝族民间故事选』上海文艺出版社 1981 1-12

中华民族故事大系编委会编『中华民族故事大系 第十卷 景颇族民间故事；柯尔克孜族

民间故事；土族民间故事』上海文艺出版社 1995　2-4
王震亚编『中国少数民族民间文学丛书・故事大系　普米族民间故事选』上海文艺出版社 1994　2-7
中华民族故事大系编委会编『中华民族故事大系　第七卷　黎族民间故事；傈僳族民间故事；佤族民间故事』上海文艺出版社 1995　2-13
廖东凡、次仁多吉、次仁卓嘎收集翻译『西藏民间故事（第一集）』西藏人民出版社 1983　2-14
中国民间文学集成全国编辑委员会编『中国民间故事集成・甘肃卷』中国 ISBN 中心出版 2001　3-1
中华民族故事大系编委会编『中华民族故事大系　第三卷　彝族民间故事；壮族民间故事；布依族民间故事』上海文艺出版社 1995　3-12　5-6
中国民间文学集成全国编辑委员会编『中国民间故事集成・北京卷』中国 ISBN 中心出版 1998　3-13, 14
中国民间文学集成全国编辑委员会编『中国民间故事集成・陕西卷』中国 ISBN 中心出版 1996　5-9

デンマーク

Grundtvig, Svend:*Gamle danske Minder i Folkmunde* I, Kjøbenhavn, 1854.　3-15
Thiele, J. M. : *Danmarks folkesagn* II, efter udgaven 1843, København, 1968.　1-6, 32　6-7, 11

ドイツ

Altrichter, Anton: *Sagen aus der Iglauer Sprachinsel*. In: Kosch, Marie: *Deutsche Volksmärchen aus Mähren*. Reprint d. Ausg. Iglau, 1920. Hildesheim [u.a.]: Olms, 1988.　1-8
Birlinger, Anton: *Schwarzwaldsagen*. In: *Alemania* 2, 1873. In: Petzoldt, Leander (Hg.): *Schwäbische Sagen*, Eugen Diederichs Verlag, Düsseldolf-Köln, 1977.　4-11
Gander, Karl: *Niederlausitzer Volkssagen*, Berlin, 1894. In: Petzoldt, Leander (Hg.): *Deutsche Volkssagen*, Verlag C. H. Beck, München, 1978.　1-29
Gustav, Jungbauer: *Das Volk erzählt, Süddeutsche Sagen, Märchen und Schwänke*, Karlsbad und Leipzig, 1943　1-13　4-12, 13　5-18
Knoop, Otto: *Sagen der Provinz Posen*, Berlin-Friedenau, 1913. In: Petzoldt, Leander (Hg.): *Deutsche Volkssagen*, Verlag C. H. Beck, München, 1978.　5-17
Kuhn, A. & Schwartz, W.: *Noddeutsche Sagen, Märchen und Gebräuche aus Meklenburg, Pommern, der Mark, Sachsen, Thüringen, Braunschweig, Hannover, Oldenburg und Westfalen*. Reprint d. Ausg. Leipzig, 1848. Hildesheim [u.a.]: Olms, 1983.　2-12　5-15

Meyer, Gustav Fr : *Schleswig-Holsteiner Sagen,* Jena 1929. In: Diederichs, Ulf und Hinze, Christa (Hgg.): *Norddetsche Sagen*, Eugen Diederichs Verlag, Düsseldolf [u.a.], 1976.　4-1, 5-12

Müllenhoff, Karl: *Sagen Märchen und Lieder der Herzogtümer Schleswig, Holstein und Lauenburg.* Neue Ausg. von Otto Mensing. 1921. Kiel: Verlag Bernd Schramm, 1985.　2-9, 17　6-4, 26

Panzer, Friedrich: *Bayerische Sagen und Bräuche*, Neue Ausg. von Will-Erich Peukert, 1848. Göttingen: Verlag Otto Schwartz & Co., 1954.　5-14

Panzer, Friedrich: *Bayerische Sagen und Bräuche*, Neue Ausg. von Will-Erich Peukert, 1855. Göttingen: Verlag Otto Schwartz & Co., 1956.　6-30

Pröhle, Heinrich: *Kinder- und Volksmärchen.* Reprint d. Ausg. Leipzig, 1853. Hildesheim [u.a.]: Olms, 1975.　1-2

Schambach, Georg und Müller, Wilhelm : *Niedersächsische Sagen und Märchen,* Göttingen, 1855.　1-28, 30

Schneider, Emil : *Hessisches Sagenbuechlein,* Marburg, 1905. In: Diederichs, Ulf und Hinze, Christa (Hgg.): *Hessische Sagen*, Eugen Diederichs Verlag, Düsseldorf [u.a.], 1978.　1-25

Sittler, N.: *Sagen u. Legenden d. Oberpfalz*, 1906. In: *Oberpfalz 2*, 1908. In: Petzoldt, Leander (Hg.): *Schwäbische Sagen*, Eugen Diederichs Verlag, Düsseldolf-Köln, 1977. 4-14

Temme, J. D. H.: *Die Volkssagen von Pommern und Rügen.* Reprint d. Ausg. Berlin, 1840. Hildesheim [u.a.]: Olms, 1994.　6-1

Veckenstedt, EDM.: *Wendische Sagen, Märchen und Abergläubische Gebräuche*, Verlag von Leuschner & Lubenskdz, Graz, 1880.　4-7

Winkelmann, Johann Justus : *Beschreibung der Fürstentümer Hessen und Hersfeld.* Bremen, 1697. In: Diederichs, Ulf und Hinze, Christa (Hgg.): *Hessische Sagen*, Eugen Diederichs Verlag, Düsseldorf [u.a.], 1978.　1-22

フィンランド

Tillhagen, Carl-Herman: *Vattnens Folklore*, Stockholm, 1997.　1-19

ブラジル

Da Camara Cascudo, Luís: *Fabulário do Brasil II,* Fólio: Edição Artística Ltda. 1965. 5-1　6-31

Da Silva Campos, João, De Magalhães, Basilio: *O Folk-lore no Brasil, Livraria Quaresma* 1928.　4-20

フランス

Bladé, François: *Contes populaires de la Gascogne*, Tome II, 1885.　4-3

Carnoy, Henry: *Littérature orale de la Picardie*, 1883.　1-17

Cosquin, Emmanuel : *Contes populaires de Lorraine*, 1886, Laffite reprints, 1978.　1-11

de V H , Lucie, *RTP* t.12.　6-14

Le Craver, Jean-Louis: *Contes populaire de Haute Bretagne*, 2007.　6-23

Grivel, abbé, *Chronique du Livradois*, 1851, abrégé.　1-14

Luzel, François-Marie: *Contes populaires de la Basse-Bretagne, TomeII*, 1967.　4-4

Sébillot, Paul: *Contes des Landes et des Grèves*, Rennes, 1900.　5-10

Sébillot, Paul: *Littérature orale de la Haute-Bretagne*, 1881.　5-3, 16

Sébillot, Paul: *Littérature orale de l'Auvergne*, 1891.　6-9

Sébillot, Paul: *Le Folklore de France Tome II*, 1906.　1-15　6-12, 27

RTP Tome III, 1888.　6-13

RTP Tome VI, 1891.　1-31

ベトナム

Do Kim Ngu: *Bo Than Ka-Pin*. Thuan Hai: Hoi Van hoc Nghe thuat Thuan Hai, 1988.　2-15

Ta Van Thong: *Truyen co Ma*. Ha Noi: Nha xuat ban Van hoa Dan toc, 1986.　4-21

ポルトガル

Braga, Teófilo: *Contos Tradicionais do Povo Português II*, Publicação Don Quixote, 1987.　3-6

Braga, Teófiro: *Contos Tradicionais do Povo Português I*, Publicação Don Quixote, 1987.　5-11

Furtado-Brum, Ângela, Açores: *Lendas e outras histórias*, Ponta Delgada, Ribeiro & Caravana editores, 1999. In: http://www.lendarium.org/narrative/lenda-da-lagoa-das-furnas/?category=36 (18/10/2015)　6-8

ラトビア

Арайс, К. : *Латышсские народные сказки*. Рига. 1965.　2-19

ロシア

Вардугин, В. И. : *Мифы древней Волги*. Саратов. 1996.　3-3

Корепов, К. Е. Харашев, Н. Б. Шерваренкова, Ю. М. : *Мифологические рассказы и поверия Нижегородского Поволжья*. 2007. СПБ.　2-16

Морохин, Н. В. : *Волжские сказки*. Сартов. 1993.　3-5, 18　4-2　6-15, 20